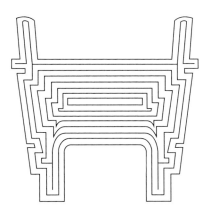

郭晓林◎著

互联网收藏变局

开启收藏与投资的秘密

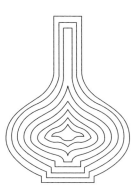

当代世界出版社
THE CONTEMPORARY WORLD PRESS

图书在版编目（CIP）数据

互联网收藏变局 / 郭晓林著 . -- 北京 ：当代世界

出版社，2018.1

ISBN 978-7-5090-1304-5

Ⅰ．①互… Ⅱ．①郭… Ⅲ．①互联网络—应用—收藏

—基本知识 Ⅳ．① G262-39

中国版本图书馆 CIP 数据核字（2017）第 311826 号

书　　　名：	互联网收藏变局	
出版发行：	当代世界出版社	
地　　　址：	北京市复兴路 4 号（100860）	
网　　　址：	http://www.worldpress.com.cn	
责任编编：	高　冉	
编务电话：	（010）83907332	
发行电话：	（010）83908409	
	（010）83908455	
	（010）83908377	
	（010）83908423（邮购）	
	（010）83908410（传真）	
经　　　销：	全国新华书店	
印　　　刷：	北京兰星球彩色印刷有限公司	
开　　　本：	880 毫米 ×1230 毫米　1/32	
印　　　张：	7.5	
字　　　数：	148 千字	
版　　　次：	2018 年 11 月第 1 版	
印　　　次：	2018 年 11 月第 1 次	
书　　　号：	ISBN 978-7-5090-1304-5	
定　　　价：	49.80 元	

收藏的过去、现在与未来

中国收藏家协会会长 罗伯健

我国历史上有过三次收藏热，分别发生在北宋末年、康乾盛世和同治、光绪至民国年间。这三大时期收藏热的特点是，上至帝王将相，下到平民百姓，都以收藏为乐，市场活跃，收藏率高，研究成果频频问世，许多收藏鉴赏类书籍至今仍有借鉴作用。随着时代发展，现在可谓是中国第四个收藏盛世。纵观市场，人们收藏的范围更加广泛，不再局限于文物，凡具有历史价值、艺术价值、科学价值和纪念意义的东西，都可以成为藏品。很多家庭都留有几件比较有收藏价值的心爱之物，可谓人人在收藏，家家户户在收藏。

从一般的平民百姓，到较为专业的收藏爱好者，再到参与收藏的企业家，都把目光投向了收藏界，市场上掀起了一股收藏热潮，大家都在谈收藏、搞收藏。那么收藏到底意味着什么呢？在我看来，"收藏"简单的两个字，却含有多层次的内容。"收"就是"拥有""占有"；而"藏"则是专业的管理能力。这种管理能力，包含两方面：一是对藏品的保管能力；二是对藏品的研究能力。除了这两大方面，收藏还应该有着更深的意义。

在我接触藏品的几十年人生里，收藏对我来说已经超出了本身的字面意义。它是人类有目的的系统性收集、整理、研究、鉴赏，弘扬人类社会创造的和自然界存在的、带有物质文化和精神文化的物品的自觉行为；是一种积淀人类文明、启迪人们智慧、增长人们知识、陶冶人们情操的高雅的社会文化活动；是一种高层次的专业性、学术性、实践性很强的科学鉴赏研究活动；也是一种聚集知识财富和物质财富的手段。一项收藏就是某个时期或某一门类历史的缩影。

我们国家是世界文明古国之一，拥有辉煌灿烂的传统文化和积淀丰厚的文化遗产，而这些文化遗产正是我们收藏的源泉。我们的祖先创造了种类丰富、色彩斑斓、包罗万象的文化艺术收藏品。民间收藏活动也由来已久，各个朝代都有着众多的收藏家、收藏爱好者，开展多样的收藏活动。

在新中国的文物艺术品市场发展过程中，我们经历了"破四旧"和"十年空白"，一大批艺术精品受到破坏。随着改革开放的不断深入，时代发展、文化进步这两个硬性条件齐备，人们对艺术品的喜爱程度与日递增，一些收藏家、收藏爱好者更是不惜一切代价搜寻艺术精品。在这个过程中，拍卖公司得以成长，精品价格不断高涨，反过来又推动了艺术品市场的发展。

而今，收藏又有了新的发展趋势，随着互联网的发展，未来的投资热点也会集中在互联网与文化产业相结合的新

互联网收藏变局

领域。以互联网模式推动收藏业发展的趋势意义重大，其实现了传统收藏产业的转型与升级，打造了具有鲜明时代风貌的收藏平台，丰富了人们精神生活的同时，也为国家的财政收入挖掘了新的经济增点。

2018 年 3 月

作　者　序

互联网收藏逐渐成为一种新的趋势

　　小时候，我并不懂得"收藏"二字的真正含义，只是养成了一种积攒的习惯，喜欢把看过的小人书、连环画收集起来，甚至上学时候用过的书本也未曾舍得卖掉，至今留在老家。后来我还收集过邮票，没有明确的目的，只是单纯喜欢这些物件，希望把他们都珍藏起来，当作宝贝一样珍惜和爱护。

　　收藏活动在古代就已经存在，文艺创作的繁荣带动着

收藏行业的同步繁盛。自古盛世出名家，因藏品具有一定的经济成本，所以当时的收藏家主要是皇宫贵族、达官显贵和文人墨客。他们收藏的目的并非获取经济利益，而是单纯地喜爱艺术作品。例如，宋徽宗对书画作品达到如痴如醉的程度，编订了《宣和画谱》和《宣和书谱》；乾隆皇帝更是极尽收藏之能事，藏品数目达到历代皇帝藏品的巅峰，故宫、北海公园、圆明园内都有很多他的藏品。对于这两类人来说，收藏是一种对知识和艺术的顶礼膜拜，通过收藏，达到陶冶情操的目的。因此，收藏作为一种爱好，能够令收藏家提高收藏、鉴别的知识和技能，在搜集、鉴别、赏析的过程中陶冶情操，体会到知识就是财富的满足感。

在滚滚前行的历史长河中，中国经历过多次动荡，列强的侵略更是令很多宝贵的文物遗失。正是因为收藏活动的存在，很多珍贵文物才得以在一些名不见经传的藏家手中保存下来，有的藏家甚至将其当作传家宝一样珍视，从而成为家族式传承。例如，唐朝张彦远家族，从唐高祖时期就开始从事收藏活动，到张彦远手上时藏品数目令人惊叹，难怪他能够写出《历代名画记》。收藏作为一种普遍存在的社会活动，使得很多历史文物在变迁和动荡中得以保存下来，形成对历史的见证和记录，同时为史学研究提供帮助。

从更广阔的视角来看，收藏是一种文化活动，它将人们对书画作品、工艺品、古董的珍爱，提升到对艺术的鉴赏上来。通过这些作品，越来越多的人感受到其承载的历史和文化，越来越多的人受到知识的熏陶，令文艺知识在整个社会蔚然成风。也正是一代代收藏文化的弘扬与发展，形成了收藏的系统化体系，使得中华民族优秀的传统文化得到进一步传承与发展，彰显了中华文化的伟大魅力，给中华民族带来文化自信。

习近平总书记在十九大报告中说："文化是一个国家、一个民族的灵魂。文化兴国运兴，文化强民族强。没有高度的文化自信，没有文化的繁荣昌盛，就没有中华民族伟大复兴。"我们要深入挖掘中华优秀传统文化蕴涵的思想观念、人文精神、道德规范，结合时代要求继承创新，让中华文化展现出永久魅力和时代风采。

如今，收藏活动已经不再局限于文人墨客和贵族阶层，越来越多的企业家开始走上收藏之路。例如，2004 年南京天地集团董事局主席杨林以 6930 万元拍下《杜甫诗意百开册页》；北京瑞宝赛博技术有限公司总裁邢继柱收购的古董家具，堆满了三千平方米的两个四合院；马未都收藏的古董家具达到了上千件……

　　企业家收藏逐渐成为一种新的趋势。他们有的把投资艺术品当作生财之道，通过独到的眼光买进还未出名的一些作品，等创作者名噪一时再转手卖出，收益颇丰；有的把收藏当作兴趣爱好，作为生活的调剂，例如，北京华油经济技术开发公司总经理张晓光就把空闲时间都用来研究古陶瓷，还自费买回了近 2000 件从夏商时期到清朝的陶瓷品进行赏鉴；有的企业家则把收藏和文化联系起来，通过拥有收藏这一爱好，建立起相关的文化产业，他们以"藏"会友，召集了一大批鉴赏专家和收藏爱好者，举办画廊，成立研究院、拍卖公司和图书出版机构，汇聚了收藏鉴赏、拍卖、出版等上下游公司，形成了一体化的文化产业链条。

　　当你把收藏看作挣钱的工具，那么它就是一门生意；当你把收藏看作一种事业，那么它就是你的未来。将收藏与企业相结合，必将碰撞出激烈的火花。

　　鉴于我对收藏行业的了解，近年来我成立了企业家收藏网、企业家收藏俱乐部、中华企业家收藏协会、珍稀奇文化等多个文化平台，希望通过互联网模式，将收藏领域推向更广阔的平台，并邀请收藏专家、名家参与交流和互动，聚合更多的企业家，真正形成收藏文化产业。

　　最后，衷心感谢在收藏领域中帮助过我的同学、朋友和老师。从他们身上，我找到了前进的方向和力量。

2018 年 3 月

目 录
CONTENTS

第二部分　收藏鉴别

|第三章|　收藏的分类

目　录

第三部分　企业家收藏的黄金时代

目　录

第四部分　收藏的悖论和变革

| 第七章 | 提升自己的辨别能力和知识素养

第五部分　信息时代下的收藏业

| 第九章 |　收藏业的发展趋势

互联网收藏变局

目 录

第六部分　收藏之跨界与融合

互联网收藏变局

开启收藏与投资的秘密

第一部分
古今收藏

浩荡五千年时光里，收藏记载了过去的生活印记，也记录下了历史走过的脚步。儒家文化盛行的中华文明，琴棋书画各有千秋，各有所藏，这不仅代表着生活品位，更可见物知主人之风致。时光流转至今天，伴随着经济的发展，收藏圈影响力也越来越大。

藏物即读史，风骨即文化。古今收藏，源远流长。

| 第一章 |　收藏的过去与今天

收藏雅趣

时光流转，遥看五千年华夏文明的中国，每个时代都有很多收藏品，历代统治者们也非常热衷于收藏。就拿书画来说，中国历史上有很多不同类型、不同规模的集中收藏。

中国书法是一门古老的汉字书写艺术，从甲骨文、石鼓文、金文（钟鼎文），演变为大篆、小篆、隶书，再到后来定型于东汉、魏、晋的草书、楷书、行书等。历史上很多流芳千古的书法家，要么是开宗立派的代表人物，要么在书法上有着自己的独到之处。有人将书法细分为学者书法、书家书法、书匠书法、名人书法等。

书法是书法家以特定的汉字书体，用熟练的艺术技巧

创造出来的有意味的形式，表现出来的是以点画线条、节奏韵律和墨色构成的抽象美。

从秦汉到唐代的书法家，即便著名如王羲之，当时人关注的也只是他所写的字，很少关注书法作品背后的人。

唐宋以来，社会对书法的看法发生了改变，大家开始谈论书法背后的"文"和"人"，出现了"先文而后墨"、归本于人的现象，书法一旦把重点转移到强调"文"和"人"，书法本身的技术就被淡化了，所谓学者书法和名人书法也就产生了。这个现象一直延续到现在。

所以，如果把中国书法分成两个阶段的话，应该以唐代为界，唐代以前的书法才是真正的书法艺术，唐代以后的书法，已经成为名和人的附庸。名人书法和学者书法在当代是并存的，前者强调"人"，后者强调"文"，强调的重点都不是书法本身，这与纯粹的书法艺术是有别的。

收藏价值与艺术价值不是一回事。一些名人书法作品的收藏点可能不在艺术价值上，而是在文献或史料价值上。收藏书法作品时要是不想被骗，首先必须对中国传统书法有所了解，即使你不写字，也要多看字，对整个书法体系要有一个比较清晰的了解。

其次，收藏书法作品必须看原作。印刷品和原作给人的感觉很不一样，只有看原作才会有直观、正确的认识。但现在很多收藏者并没有做这方面的功课，若单纯靠听故事、听头衔来做收藏，肯定上当。

唐朝李世民和李隆基的书画收藏风靡一时。宋徽宗本人就是一个书画天才，颇痴迷书画收藏，为此专门设置了"宣和装"的装裱样式，编定了《宣和书谱》与《宣和画谱》，为后世留下了很多书画珍宝。到了清朝康熙年间，收藏达到了封建时期的高峰，尤其是乾隆时期的书画《石渠宝笈》《秘殿珠林》，是中国古代收藏史上浓墨重彩的一笔。

收藏品本非活物，左右它们的从来就是人，而左右人的却是局势和环境，因此收藏品也就随着时局跌宕开始消逝和出现。在一次次的消逝和出现之后，收藏品也开始升值或贬值。尤其是朝代的更迭，对于收藏品的打击可以说是毁灭性的，因此古今中外的收藏品变得越来越少。幸好有喜欢收藏的帝王和平民，通过自己的努力弥补了一些损失。随着时代的发展和变迁，越来越多的艺术家涌现出来，日

积月累，书画文物不断增多。特别在 1949 年之后，各大博物馆的收藏品达到了前所未有的规模。

除了政府的力量之外，还有私人收藏家。以前，私人收藏家主要是以士大夫、文人墨客为主，他们有品位、有才学、懂生活、爱生活，经济实力强，收藏了很多作品。随着朝代的更迭，他们的藏品又被官府重新汇聚，在一个特定的时期，又重新流了回来，这也成了收藏品的有利补充。

收藏历来是一件充满趣味的事情，比如说翡翠的收藏。

时至今日，翡翠为许多中国人所喜爱，但大家不知道的是，翡翠并不是中国的产物，而是舶来品，出现在中国不过三百多年。明末清初，翡翠是以贡品的身份进入中国的，后由于慈禧太后极度喜爱，常常佩戴或把玩，在当时刮起了一股翡翠风。曾有个外国人向她朝贡一颗漂亮的钻石，慈禧太后摆手说道："一边儿去。"她不稀罕钻石火彩。但如果有人向她进献小件翡翠，她便会大方赏赐进献者。以上可看出她对翡翠的喜爱不一般。

至于慈禧为何如此喜爱翡翠，我们无从探究，但翡翠的养生功效却是存在的。翡翠不仅是美丽的装饰品，还是天然的保养品。翡翠中含有人体必需的多种矿物质。当皮肤与翡翠接触以后，翡翠中的天然微量元素可以吸收人的汗液，滋养人的身体，增强人的免疫力，促进人体的新陈代谢。

现下，翡翠收藏也是收藏的重要分支，极品翡翠成为收藏家非常关注的收藏品之一。对于那些喜欢收藏翡翠的人来说，不妨时常拿出来佩戴，效仿一下慈禧的养生秘诀，让清透圆润的翡翠慢慢滋养你的身体。也许翡翠为收藏家带来的，不只是价值连城，更是无价的健康呢！

收藏的意义

博物馆是一种非常好的收藏场所，同时也是一种文化场所，博物馆文化现象的出现可以远溯到古希腊、古罗马时代。人类进入文明时代，生产力快速提升，社会财富快速增长，使得一部分人彻底摆脱了体力劳动的束缚，让他们有更多时间进行文艺创作，因此也便产生了很多文化艺术珍品。伴随着私有制度的出现，人们的私人财富越来越大，渐渐从物质财富的私人占有，发展到了精神财富的私人占有，于是就出现了对艺术品的掠夺。

公元前 3 世纪初，在托勒密王朝时期，亚历山大城的宫殿里开始修建缪斯①庙，以存放亚里士多德学园②里选存的

---

① 希腊神话里，缪斯是艺术与科学女神。

② 亚里士多德成为马其顿王子亚历山大的私人教师后，于公元 335 年回到雅后建起的哲学院校。亚里士多德学园是亚里士多德写下一生大部分哲学作品的地方。

珍品，这个收藏珍品的地方，成了人们口中说的最原始的博物馆。随着时代的变迁，收藏活动也逐步扩大范围。在罗马共和时代，私人藏品的风气日益繁盛，并开始将很多特别的藏品当作鉴赏品进行陈列。

13世纪至16世纪，整个欧洲处于从封建社会向资本主义社会过渡的过程。全球的收藏热潮始于文艺复兴时期，收藏现象进一步发展起来，这一时期发现了大批希腊著作手抄本和从罗马帝国废墟中挖掘出来的古雕塑。这些收藏品在欧洲人手中重现了古代文明的光彩，奠定了现代欧洲博物馆的基础，也开启了世界私人收藏品的先河。

艺术品的收藏，比如书画、古玩、乐器、珠宝、陶瓷等藏品，都具备深厚的文化内涵和文化价值。年代越久远的藏品，收藏价值和研究价值也就越大。比如乾隆年间的陶瓷，收藏价值难以估量。

那些已故画家、书法家的作品，带有很深的文化烙印，收藏其艺术品有着很大的意义。这些藏品记录着文化，承载着历史，是一种包含着艺术信息的商品，它们的价值会随着时代的更迭、买家的喜好以及审美趣味而发生变化。

按照目前的艺术品拍卖趋势来看，艺术品收藏整体呈上升趋势。据相关拍卖行的信息显示，中国国画大师齐白石的一幅画，在 20 世纪 70 年代只能拍卖到 100 元人民币，但是现在可以拍卖到 30 万人民币，由此可知书画的价格跟随着年代的久远而增值。

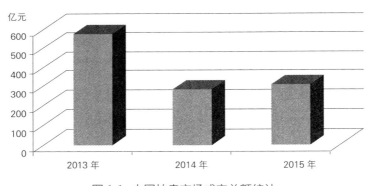

图 1-1　中国拍卖市场成交总额统计

　　另一方面，收藏品还具有经济价值。我们经常可以在媒体报道中和拍卖市场上看到某古代珍品被拍卖几百万、几千万甚至几个亿的消息，但其实上一次的成交价远远低于

第一章

收藏的过去与今天

当前的拍卖价，中间的差价惊人。所以，收藏艺术品也是一种投资行为，这也是很多人一直以来热衷收藏的原因之一。

除此之外，收藏品还具有 IP 属性。有很多收藏品记录了某段历史，或者纪念了某段往事。例如 2004 年 5 月，在英国伦敦苏富比拍卖会上，毕加索的代表作《手拿烟斗的男孩》以 1.04 亿美元的天价成交，如此高价震惊世界。经过媒体调查，原来这幅画不仅仅是因为毕加索的名气，同时还隐藏了一个跨越世纪的爱情故事。

这一件件、一桩桩的收藏品案例，客观地解释了为什么艺术收藏如此有意义。艺术收藏不仅有着看得见的价值，同时还彰显了历史意义和文化意义。伴随着当代技术的发展，艺术收藏出现了新的格局，从而将新的收藏群体带上了艺术收藏的历史舞台。

2017 年香港苏富比春季拍卖会，总成交额 31.7 亿港元，整体成交率 87%，24 场拍卖，13 项艺术家纪录。从这些数据来看，拍卖市场持续火热。

2017 年香港苏富比春季拍卖会	
总成交额	31.7 亿港元
整体成交率	87%
拍卖	24 场
艺术家记录	13 项
白手套拍卖	8 场
世界拍卖纪录	5 项

图 1-2 2017 年香港苏富比春季拍卖会数据统计

　　白手套是拍卖师的最高荣誉，意味着这场拍卖达到 100% 的成交率。达到 100% 成交率时，拍卖公司会送给拍卖师一副洁白的手套，以示尊重，其意义相当于体育赛事中的大满贯。

商贾名人的收藏爱好

古今中外，喜欢收藏者不乏其人，有名人、平民、公司高管、企业家等。他们身份各异，却对收藏情有独钟。他们的藏品种类繁多，比如书画、红木家具、陶瓷、雕塑等，不胜枚举。

我们在各大新型媒体与传统媒体上，经常看到企业家一夜成为亿万富翁的报道，以及各式各样的幕后故事。随着社会和科技的快速发展，进入收藏领域的人逐渐增多，尤其是企业家，他们是现在整个收藏行业的"金饽饽"，是实力最强的收藏者。

收藏行业除了满足企业家的文化需求之外，还有其他作用。一方面是投资，收藏艺术品是一种资产配置，是一种非常好的投资方式；另一方面，也不是简单的逐利行为，而

更多的是社会责任和担当，企业家希望以一己之力，保护和传承文化遗产。

作为收藏品的一种，嫁妆因其特殊的民俗文化特征，日益受到关注。

曾有则新闻说"奶奶的柜子卖了88万元"，新闻里的主人公由于搬新家无处安放老式家具，想处理掉。经一位收藏界的朋友鉴定是清末家具，主要木材选用的是紫檀木。之后，这家主人以88万元的价格卖给了本地一位家具收藏家。

床是古代富家女子嫁妆中不可缺少的一大件，梳妆台是陪嫁清单中的重要部分。中国有个成语，叫作"器以藏礼"，奶奶辈的古旧家具本就承载着中国的传统文化和婚嫁礼仪。女儿出嫁，父母陪送嫁妆，这是中国几千年来的习俗。在清代，富裕之家的嫁妆，从衣服、首饰、家具、器皿，到土地、宅院、奴仆、金银，无所不包；而家庭境况稍差一点的人家，也会陪送镜台、箱箧、被褥之类的生活用品；即使是清贫人家，也有银簪、耳环、戒指、衣裙等。

樟木箱，也叫女儿箱，是古代姑娘们出嫁必备的嫁妆。嫁妆不光要漂亮，也得具备实用性，因此，家具在婚嫁器物中自然有着举足轻重的位置。我们从大量影视剧和小说中可以了解到，定亲之后，父母就要开始为女儿张罗嫁妆。根据家庭的经济情况，有的父母会选择高级点的硬木，如花梨、紫檀等打造成套的木器家具，有条案、八仙桌、花篮椅、方凳、联三柜、橱柜、大柜、躺箱、穿衣镜、箱子、匣子等，次之的也会用胡桃木、榆木、楸木等。这些家具都是成亲时随嫁妆带走的，象征着新娘娘家的地位、财富和身份。所以，即便是较贫困的家庭，也要用四个或两个箱子来装置新娘的陪嫁衣物、器皿。可见，做父母的真是用心良苦。

其中，很多大件或小件的陪嫁家具，具有精湛的工艺美术价值和深厚的历史人文价值，成为了一笔留传后世子孙的财富。

|第二章| 收藏的现在与未来

中华文物的流失

中国是一个有着五千年历史的文明古国，所有的收藏品无不证明着中华文化的绚烂。那些珍贵的字画、陶瓷和雕塑等艺术品，都是中华民族文化的化身。当然，历史的更迭也使很多珍贵的文物被掠夺，比如八国联军火烧圆明园的历史，国人每每想起，都非常痛心。落后就要挨打，这是历史的教训。而流失在国外的中国文物，就像一颗颗珍贵的珍珠散落在世界各地。

文物的流失一直是中华民族的一个心病，特别是近代中国遭受外国侵略的时候，参与侵略的国家掠夺了大量文物。英国、美国、法国和日本是收藏中国文物数量最多的国家，收藏中国文物较多的10个博物馆均位于这四个国家。

其中，大英博物馆是收藏中国流失文物最多的博物馆，目前多达 3 万余件，其中绝大部分是无价之宝。该馆长期陈列的中国文物约有 2000 件。这多达 3 万件的中国文物中，有十分之九分别存放在 10 个藏室中，除非得到特殊许可，否则一般游客是无缘谋面的。大英博物馆收藏的中国文物囊括了中国整个艺术类别，跨越了整个中国历史，包括刻本、书画、玉器、青铜器、陶器、饰品等类型。中国美术史的开篇之作——顾恺之的《女史箴图》唐代摹本，早已成了大英博物馆的镇馆之宝之一。

《女史箴图》原画作于东晋时期，故事源于西晋晋武帝时期。公元 290 年，晋武帝司马炎死后，儿子司马衷即位，史称晋惠帝。晋惠帝是中国历史上典型的昏庸无能的皇帝。他从小就不爱读书，整天只懂吃喝玩乐，不务正业，朝中大权尽落于皇后贾氏之手。贾氏为人心狠手辣，荒淫无度，引起朝中众臣的不满。大臣张华便收集了历史上各代先贤圣女的事迹写成《女史箴》一文，以示劝诫和警示，之后便流传甚广。后东晋著名画家顾恺之根据《女史箴》分段为画，除第一段外，每段皆有箴文，各段画面形象地揭示了箴文

的含义，这部作品故称《女史箴图》。

《女史箴图》艺术价值颇高，从问世起就是历代宫廷收藏的珍品，后人也多有临摹。由于年代久远，现在世界上仅存两本临摹品：其一为北京故宫收藏，为宋人临摹，笔意色彩皆非上品；另一本是藏于大英博物馆的隋唐时期摹本，是罕见的艺术珍品。

唐本《女史箴图》于 1900 年八国联军焚烧颐和园之际，被英军大尉基勇松盗往英国。此《女史箴图》高 24.8 厘米，长 348.2 厘米，横卷，原有 12 段，因年代久远，现存 9 段。

据有关权威单位保守统计，至少有 1700 万件中国文物流失海外，远超中国本土博物馆藏品总量。据联合国教科文组织统计，在全球 47 个国家的 200 多家博物馆中，来自中国的文物精品多达 160 多万件，而流落民间的文物数量，相当于馆藏量的 10 倍，这是一个惊人的数字。

一位收藏家曾写过，1989 年，他去美国纽约大都会博物馆时，中国展厅正在办一个展览，规模很大，进去一看，觉得非常震撼，还有一位白发苍苍的中国学者站在那里热泪盈眶。当你在国外见到在国内看不到的、而原本属于中国的文物时，那种五味杂陈的感受很难描述。中国的文化要复兴，离不开文物的回归。

2007 年 8 月，当盛夏的余热笼罩着全国上下时，一则新闻点燃了公众的情绪。

坐落于英国伦敦的苏富比拍卖公司宣布，将于次年 2 月对圆明园十二生肖兽首铜像中的马首铜像进行公开拍卖。早在 2000 年，该拍卖行便与一家拍卖公司佳士得共同拍卖了中国在八国联军对圆明园洗劫时所遗失的牛首、虎首、猴首铜像，最终被中国保利集团斥巨资购回。

时隔 7 年，单尊兽首的起拍价已经上涨了近 10 倍，随之增长的还有中国官方及民间人士对于拍卖兽首行为的强烈抵制。得益于互联网的发展，苏富比擅自拍卖圆明园遗物的消息很快传遍了全国，反对的声浪不绝于耳，国家文物局也在第一时间表明了反对的态度。

2007 年 9 月，起拍价 6000 万港元的马首铜像被爱国企业家何鸿燊以 6910 万港元的价格购得，并将其无偿捐赠给了国家。一场浩浩荡荡的风潮得以平息。

单纯站在收藏品的角度来说，脱离了原建筑的十二生

肖兽首，无论是文物价值还是艺术价值，都无法与其千万级别的拍卖价格相匹配，但此次风波敲响了警钟，唤醒了国人对于流失在外的中国文物的重视。

流失在世界各地的中国文物数不胜数，而且年代遥远、研究价值极高，亚洲、欧洲、北美洲、南美洲都可以找到它们的痕迹。

图 2-1　中国文物海外流失主要地点

收藏界人士都知道，每件藏品都来之不易，甚至要花掉藏家大半个身家，有的人甚至不愿转让或拍卖，留作传家之宝。但是却有人捐其所有，成就了半个故宫博物院。这个人就是张伯驹。

张伯驹出生于贵胄门第，早年与袁克文、张学良、溥侗并称为民国四公子，是集收藏鉴赏家、书画家、诗词学家、倾毕生心血与财产，收藏了大量国宝书画，并于 1956 年将八件古代书法珍品无私捐献给了国家。

日本自隋唐以来，一直以中国为文化母国，并大量进口中国艺术品，经过数百年的时光，留下了相当一批珍宝。近代以来，列强入侵，中国文物大量流失海外，其中得到中国国宝最多的国家，就是深谙中国文化的日本。东京国立博物馆里面的中国藏品数不胜数，比如我们所熟知的传为五代时期石恪所作的《二祖调心图》、南宋马远的《寒江独钓图》、梁楷的《李白行吟图》、李迪的《红白芙蓉图》，都可以在那里寻到；我们还能在大阪市立美术馆看见中国的字画，比如吴道子的《送子天王图》、王维的《伏生授经图》、李成和王晓的《读碑窠石图》、郑思肖的《墨兰图》、龚开的《骏骨图》、宫素然的《明妃出塞图》等。

日本 1000 多座公私博物馆几乎都藏有中国文物，数量大概在数十万件，其中以甲骨片收藏最多。流失海外的近 3 万片中国甲骨片中，日本有近 1.3 万片。

东京国立博物馆是日本收藏中国文物最丰富的博物馆。据东京博物馆陈列品管理课长谷丰信介绍，馆藏中国文物年代跨度很大，远至新石器时代，近到民国时期。东京博物馆很多传世孤品皆出自中国，并经日本文化厅认定为国宝级藏品。下面列举几件。

一、螺钿紫檀五弦琵琶

琵琶都是四根弦，但这个琵琶却有五根弦，数千年来只有这一把五根弦的琵琶传了下来，可谓"神品"，敦煌壁画上所画的五弦琵琶正是此物。

二、曜变天目茶碗

曜变天目茶碗的烧制工艺已经失传了。它是宋代黑釉的代表，其形状是宋朝时流行的样式，李清照和她丈夫就经常用这种样式的碗斗茶。但这种曜变天目的色彩烧成的概率非常低，所以现在连考古发现的大量瓷片里也找不到曜变天目颜色了。有两只曜变天目茶碗流传到日本之后，成为国宝，有一只被织田信长收藏，成为德川家的传家之宝，另一只毁于战火。日本人形容曜变天目茶碗是"碗中宇宙"。直径12厘米的曜变天目碗，给人一种深夜星空的缥缈之感，神异而无双。

三、汉委奴国王金印

这块金印是东汉初年光武帝赐予日本的，在日本江户时代被一个日本农民耕种时发现。此印面为正方形，边长2.3厘米，印台高约0.9厘米，台上附蛇形钮，通体高约2.2厘米，印上有蛇形钮，总高2厘米，阴刻篆体字"汉委奴国王"。

自从1840年鸦片战争西方用火炮炸开中国国门之后，我们国家签订了太多不平等条约，随之而来的便是文物的一件件消失，最后流入了别国的博物馆。

对于那些流失海外的文物，有些可以通过国际组织追回，例如联合国教科文组织《关于被盗或非法出口文物公约》便是为了专门解决文物回流问题，但仍有较多藏品因为这样那样的原因而难以收回。

所幸，中国文化的重塑与新生正在进行。

2008年，北京奥运会开幕式上，击缶而歌的雄浑气势与活字印刷的悠久底蕴，向全世界传达了中国对于传统文化的自信与热爱。

2009年，时值孔子诞辰2560年，美国国会通过决议

案纪念孔子，海外超过 4000 万人通过孔子学院等途径学习中文。

2010 年，圆明园罹劫 150 周年之际，第一期海外流失文物寻找活动顺利结束；国务院制订的《文化产业振兴计划》亦在稳步推进。

2011 年，分隔长达 360 年之久的中国山水第一神画《富春山居图》首次于台北故宫博物院合璧并展出。

2012 年，作家莫言获得诺贝尔文学奖，成为百年来首位获得诺贝尔奖的中国作家。

2017 年 3 月伊始，李克强总理于第十二届全国人大五次会议上提出了"加快培育文化产业，推动文化走出去"的发展纲领，我国对传统文化的保护与发展迈入了一个崭新的时代。

近年来，越来越多的收藏家开始把更多的精力放在海外。作为企业家，除了经济利益，也要有社会责任感。具有强烈民族情结和文化内涵的爱国者、企业家、有志之士吹响了集结号，开始探索如何让文物回家。

爱国收藏家贡献了很大力量。为了这些文物的回归，他们不遗余力。我们有理由相信：中华传统文化将以更加积极、良性的姿态蓬勃发展，重新回到历史长河中原本的地位。

传承与创新

为了缩小中国与西方国家在文化软实力上的差距，同时也为了更好地继承和发展中国传统文化，中国政府在十二五规划中再次向民众展现了将文化产业打造为国民经济支柱产业的决心。

2016 年，中央财政共安排 208.62 亿元用于构建现代公共文化服务体系，并下拨了 44.2 亿元专项资金扶持和奖励944 个优秀文化创意项目，涵盖税收减免、宣传支持、资源配置优化等诸多方面。

收藏品投资市场也在文化复兴的浪潮中悄然崛起，大约以 16.6% 的投资回报率超越了股票、黄金等热门投资项目。随着企业家及中产阶层精神需求的不断提高，收藏品投资还将在很长时间内保持迅猛成长的态势。

第二章

收藏的现在与未来

也许我们无法还原中国传统文化的真正面貌，但可以用独特的方式传承中国传统文化的内涵和精神。

我们传统文化的创新方式可以是乐坛流行的中国风，也可以是《见字如面》《朗读者》等优质文化节目，还可以是收藏文化的日渐繁荣。寻根而上，最深处依然是传统文化积淀而成的文化底气。

在中国文明史中，典籍作为重要的载体，见证着历史的冷峻和丰富。从壁石、钟鼎、竹简、尺牍、缣帛到纸张，无一不向人民传播文明、传递知识。

随着时间的推移，古旧书籍正日益成为热门藏品，尤其是一些珍贵书稿。朝代更换、天灾人祸，历史上能保留下来的古书少之又少，而既有文献价值又有文物价值的善本更是弥足珍贵，成了世代文人无法忘怀的珍宝。

印刷术发明之前，书籍大都是写本，将原稿或别本缮写下来，与原文校核无误，便为善本。唐以后，雕版印刷术得到应用，书籍便有了"版本"一说，虽为后人考证加大了难度，但也给善本的收藏增添了很多趣味。历代学者、藏家对收藏古书的标准有不同的定义。其中，清末张之洞提

出的"善本之义"有三：一曰足本，无阙卷，未删削；二曰精本，精校、精注；三曰旧本，旧刻、旧抄。这样的古籍才有收藏价值。

2012 年北京匡时秋拍，"过云楼"藏书以 2.16 亿元成交；2016 年中贸圣佳秋拍，元代汪克宽撰《春秋胡氏传纂疏》以 839.5 万元成交。清代御医汪必昌手稿《聊复集·怪症汇纂》估计市值 2.1 亿。在藏书过程中，人类文明之光得以延续。

互联网收藏变局

开启收藏与投资的秘密

第二部分
收藏鉴别

　　小物皆可收藏，大物亦有人捧。见仁见智的收藏圈里，藏品种类多，门类复杂多样。而不论是收藏哪种藏品，收藏鉴别都是第一件重要的事。看细节，看材质，学鉴别，懂历史。人民币收藏，红色收藏，书画收藏，瓷器收藏……每一种门类都是一门学问。学鉴别的过程，便是养心的过程，更是提升的过程。

|第三章| 收藏的分类

大众收藏主流

这些年的收藏鉴宝潮流蔓延，人们对于收藏业愈发关注，一些增值较快、符合时代审美的藏品成为了当今热门的收藏品。

在这些热门藏品中，包括象征年代标志的人民币、独具文艺雅趣的书画、精美细致的瓷器等，都成为了大众收藏的主流。热门收藏品承载着收藏者对其经济价值的认同，也承载着个人的收藏情怀。当今社会，随着大众鉴赏能力的提升，收藏市场的日益规范，相信会有更多的热门藏品在这轮收藏大潮中"苏醒"。

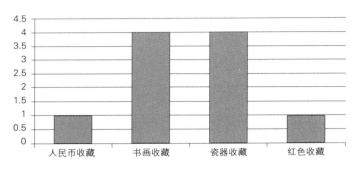

图 3-1 大众家收藏配置图

人民币收藏

人民币是货币的一般等价物。人民币最初是 1948 年由华北经济办事处组织发行。

有人说，如果你想要了解中国发展的历史，就要先了解中国发行的人民币。之所以会有这样的说法，是因为人民币属于国家，人民币上铭刻着关于中国历史的烙印，在一定的历史时期彰显着这个时代的特征，其中也包含这个时期的政治与科技水平。所以每一个时期的人民币都具有独特的意义，人民币收藏价值的攀升也就是理所当然的事了。

人民币的收藏价值飙升，其背后的原因是什么呢？

第一，就是其收藏背后带来的经济利益。随着经济的快速发展，人们的生活质量快速提升，很多民众开始将收藏投资当作一种兴趣，收藏绝版的人民币也成了一种时尚生活方式。据最新数据显示，现在市面上已经绝版的第一版人民币全套的价格拍卖价值480万。这就是经济效益。

第二，就是人民币本身承载的人文价值。人民币代表着时代的更迭，具有特殊的历史意义。比如第一套人民币，它的发行年代久远，是人民币的开山之作，代表着中国货币历史新纪元，承载着更多的历史价值。在购买和收藏人民币时，收藏家通过对这种"艺术品"的鉴赏，获得精神上的提升。

第三，缓解了通货膨胀。人民币的收藏也体现了投资收藏在资源配置中的重要性，人民币的收藏有利于国家货币流通，能尽可能地缓和通货膨胀。人们通过收藏人民币和各时期的纪念币，促使同等额的人民币由流通领域进入收藏领域，减轻了金融市场的压力。在供求关系影响下，早期旧版人民币的收藏的价值要高出其面额几十倍甚

至几百倍。

第四，有利于普及知识。人民币的收藏提高了民众的防伪鉴别意识。人们在收藏人民币的过程中，对人民币的外观设计、印刷技术、材质的使用、防伪技术和不同版本的研究，提升了对人民币的认知，对识别、打击假钞具有非常重要的意义和价值。

第五，有利于帮助人们培养良好的人民币使用习惯。执行流通职能的人民币，只要没有损坏，没有缺损，价值都是等同的，但如果是进行人民币的收藏，就需要看人民币的缺损和品相。品相越好，缺损程度越少，价值就越大。

第六，人民币收藏还可以提高人民文化素质。人民币收藏的火热，引导着收藏爱好者的心理和价值取向，不失为一种非常有益的文化活动，有利于培养人们的文化素养和爱国情操。

红色收藏

五千年的文化底蕴留下了太多珍贵财富，而红军的二万五千里长征、抗日战争、解放战争等所留下的文化遗迹更是弥足珍贵。这些特色文化和红色文化，是我们每个人都应该学习的红色课。人们为了纪念中国红军曾经受过的苦难，以及中国曾经经历的辉煌和新中国成立之前所有酸甜苦辣，社会上出现了一种特色收藏热——红色收藏。

红色收藏是一种特别的收藏形式。自1840年以来，中国人民面对外来侵略，开始了争取民族荣誉和民族独立的战争历程，取得胜利后，有了一系列重大历史事件和历史故事的收藏。比如以毛泽东主席遗物为代表的红色收藏品，便承载着中国特殊历史时期人民特别的回忆。

政府也在大力发展红色收藏市场的艺术品交易，不遗

余力地推动红色收藏事业的发展。中国收藏家协会也定期举办相关活动，以推进红色收藏的发展，尤其是在 2012 年 9 月，举办了很多场拍卖会。拍卖会喜迎来自全国各地的红色收藏爱好者，很多网站也纷纷制作专题进行报道和宣传，还推出了一些包括红色收藏故事、红色收藏研究、红色收藏品的鉴赏分析和历史栏目。

这些频频见于纸端的红色藏品吸引着许多人的关注，红色收藏成为收藏界的热门话题。红色收藏不仅是一种收藏文化，还包含着历史、人文故事和政治记忆，代表着一代人甚至几代人的珍贵回忆，具备情感的收藏价值和历史研究价值。

收藏红色藏品，不仅仅是对过去岁月的缅怀和祭奠，更多的是对当初那个时代的思考和追忆。那些热衷于红色收藏的专家们，大多经历过那个时代，对那个时代有着自己的独特理解。如今，承载着这些回忆的藏品和纪念品越来越少，它们的市场价值也水涨船高。

据相关媒体报道，在某次拍卖会上，毛泽东的著作和有关藏品受到了中外收藏家的追捧，《毛泽东选集》精装版拍出了 135 万元的高价。

　　还有很多红色藏品散落在民间，这些藏品记录着中国历史的大变迁，被收藏爱好者以特殊的形式保存了下来。纵观这几年红色收藏在中国发展的情况，红色收藏市场还会继续走高。

　　颇具特色的红色收藏，不仅仅是人们的一种爱好，同时隐藏着太多的苦乐悲喜和几代人的记忆宝藏。红色收藏作为民间特殊收藏门类，因其不可替代的历史和文化价值，以及日益高涨的市场价格，引来了越来越多收藏家的关注。但是在红色收藏炙手可热的同时，我们也需要进行理性思考，在它们成为商业资源配置之时，难免存在一些误区。

　　第一，阻碍红色收藏发展的最大误区就是"文革收藏"，不过这个误区已经有了一定程度的改善。有的年轻人将"文革收藏"和红色收藏等同，混淆了概念。有些收藏家会问，所谓红色收藏，关于国民党的部分是不是也应该收藏？从全民族抗战的角度来说，在共同的反抗日寇战争中，国民党最初在正面战场中也发挥了正面的作用。我们在收藏过

程中，要辩证地看待这个事实，才能更加客观地评估藏品的价值和意义。

第二，在进行红色收藏时，年限也是一些藏家的误区。其实，只要是代表重大历史事件或有变革意义的藏品，都是可以收藏的。所以具体要收藏哪个年代的藏品，也只是收藏家的情怀和个人选择。

人民币收藏也好，红色收藏也好，这种中国特色收藏，是很多企业收藏家进行资源配置的首要选择方式。在资源配置中，风险控制很重要。

之所以说人民币收藏和红色收藏都是资源配置最好的选择，原因有二：第一，红色和人民币都和政治挂钩，不会轻易贬值，没有一个人、一个国家会否定自己经历的峥嵘岁月和历史文化，同样也不会有一个人和一个国家对经济和金钱不存在深深的敬意；第二，人民币和红色收藏也代表着收藏家爱国和尊重历史的精神，企业收藏家进行资源配置并不仅仅是经济和钱财的配置，还有资源和思想的配置。所以从这两点看，红色收藏和人民币收藏都是收藏家在资源配置中的最好选择。

书画收藏

人民币收藏、红色收藏都是一直以来都在流行的收藏形式，还一种沉淀了几千年文化的收藏方式长盛不衰，那就是书画收藏。比如地产商王石和潘石屹都曾在微博上发布过关于收藏的博文。当然，关注艺术和收藏的企业家并非只有这两位。近年来，企业家渐渐从收藏幕后进入了舞台中心，借于自身雄厚的经济财力和独到的收藏眼光，加入收藏大军。

有些人觉得他们是艺术品市场的搅局者，有些人觉得他们是未来收藏行业的主力军。不管谁说得对，事实是全球各大拍卖行，每每能看到中国企业家的身影。这并不是一种偶然现象，据招商银行和贝恩管理顾问公司联合发布的《2013 年中国私人财富报告》显示，2012 年年底，中国

的千万富翁已经超过 70 万人。他们对房产和股票的投资热情下降，资产多元化配置日益增多，书画收藏是他们资产配置的重要组成部分。

从精神文化方面分析，企业家选择的书画作品，也能从侧面展现企业家的个人修养和美好情怀。康德曾说，艺术就是要寻找属于它自己的自律的道路，就像我们寻找自己的位置一样。

企业家在经营企业、占有大量财富的同时，自身的品味和格调也会被社会放大，人们开始关注他们的文化素养和广博知识。企业家在收藏的过程中学习了各种鉴赏知识，陶冶了个人情操。很多企业家会在他们人生的后半段，把更多的时间和精力放在体验文化与艺术上。

企业家对于书画艺术品的收藏热情，随着他们年龄的增长逐渐成熟。

上海新理益投资公司的董事长刘益谦，在花了 200 元购买了一本拍卖图录后，虽然对郭沫若和李可染不甚了解，却因为喜爱花了 18 万元拍下了他们的画作。这仅是个开始，之

第三章

收藏的分类

后他开始热衷书画收藏，先后藏有吴湖帆[1]12开仿古画《如此多娇图》、张洪祥[2]《艰苦岁月》、吴冠中[3]《爱晚亭》、吴彬[4]《十八应真图卷》、张大千[5]《桃源图》、莫迪利亚尼[6]《侧卧的裸女》等众多作品。

据不完全统计新疆广汇集团董事长孙广信已经收藏了十几幅齐白石的精品。这些珍贵的画作因为企业家的收藏被保存和流传下来。

企业家收藏艺术品，还可以有效地抵御资金链的短缺和未来企业的经营风险。有些企业家就是靠艺术品变现，得以在紧要关头衔接起了资金链，使企业转危为安。

艺术品收藏对企业家的吸引力越来越大，但收藏乱象也渐渐地凸显出来。书画市场鱼目混珠，对收藏市场造成

---

① 吴湖帆（1894—1968），江苏苏州人，山水画家。书法家，鉴定家。

② 张洪祥（1941—　　　），山东潍坊人，山东艺术学院教授，中国美术家协会会员，中国油画学会理事。

③ 吴冠中（1919—2010），江苏宜兴人，当代著名画家，油画家。代表作《长江三峡》《北国风光》。

④ 吴彬（生卒年不详），福建莆田人，明代画家，代表作《山阴道上图》《层峦重嶂图》等。

⑤ 张大千（1899—1983），四川内江人，泼墨画家，书法家。

⑥ 莫迪利亚尼（1884—1920），意大利著名画家。

了很大伤害。专家提醒我们，在购买和收藏书画时，除了需要寻找专家鉴定之外，还需要注意一些细节，比如作者的风格、独有的痕迹和习惯，等等。尤其是书画中的印章，要用放大镜仔细看，以确保买到物有所值的书画。而书画的升值潜力、收藏价值等都是很重要的因素，作品越贵重，造假的可能性就越大，因此在遇到名人书画的时候需要特别小心。

企业家大量的资金充斥在艺术品市场，在一定程度上改变了中国收藏界的格局。

瓷器收藏

说起中国古董收藏，就不得不提瓷器收藏。瓷器文化是中国五千年的主流传统文化，它与我们的生活密切相关，在历史传承上也具有非常重要的意义。

古陶瓷的收藏有很多类别，可分为综合性、专题性、题材性、工艺性和专题加题材等。

专题性收藏也可以按照一定的收藏技巧进行收藏，比如窑口收藏，就是按照瓷器的产地和年代来收藏。题材性质的收藏，是指古瓷器上有花草、山水和人物种类的收藏。古瓷器上的印花、贴花，分为单色瓷器和彩色瓷器两种。

专题加题材性质的收藏品，如陶西安专门收藏清代人的人物罐，等等。

古瓷器的收藏除了可以让收藏者欣赏美之外，也是一

种有效的财富变现方式，因此，古瓷器收藏也是一种资产配置。

瓷器的历史背景

陶瓷和陶器是原始社会新石器时代的标志，通过考古记录，我们可以发现距今约一万年的早期残陶片。在河北遗址发现的陶器碎片，是距今一万年的遗物，在江西万年县也发现距今一万年的陶器碎片。

商朝和周朝陶器出现了各种纹饰和花样，南北朝时期的瓷器进入白釉瓷器时代。进入隋朝，陶瓷逐渐发展完善，进入了成熟期。到了宋代，瓷器在整体制造技术上又有了新的提升，烧制窑器达到了完全成熟的地步。

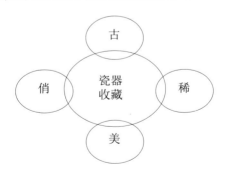

图 3-2　瓷器收藏的要点

瓷器收藏要点

瓷器的款识、独特性吸引着很多收藏家。瓷器装饰别致，有牡丹花、梅花、菊花、红白石榴等纹饰，这是乾隆年间瓷器的特点。要辨别瓷器的年代，需要学习很多知识，加上瓷器收藏需要大数额的投资，如果专业知识不过关，容易判断失误。除此之外，在鉴赏和鉴定瓷器时需要注意以下几点：

第一，"古"。任何收藏品，比如瓷器、字画等，之所以具备收藏价值，就是因为它们记录着时代更迭，代表着历史。因此，瓷器或字画的收藏属于传统收藏范畴，也被有心人称之为"文玩""古玩"等。正是因为这些不可复制的历史，才使得这些器物有了特别的价值，正所谓"越古越老，越老越贵"。

第二，"稀"。收藏古玩讲的是物以稀为贵，比如宋代的汝瓷，就是因为稀有而价值连城。特别值得强调的是御用的瓷器，据说，从宋代到现在，御用的瓷器保存下来的不过几百件，这些瓷器被藏于北京故宫博物院、上海国家博物馆以及少数收藏家手中。"家财万贯也不如一件瓷器在手", 就是这种稀有造就了收藏的高价值。

第三, "美"。这种美不仅体现在书画收藏上, 还体现在瓷器收藏上。比如宋代五大名窑, 汝、官、哥、钧、定都是以青釉取胜。特别是定瓷精品, 之所以价值不菲, 原因在于其不仅做工极为细致, 其时代的美也表现得淋漓尽致。宋朝是传统制瓷工艺发展的一个繁荣时期, 不仅因为存世作品少, 更因其古朴涤沉、素雅简洁的风格和材质, 在世界工艺发展史上树立起一座难以超越的丰碑。

第四, "俏"。在收藏领域, 古玩的需求量很大, 行情看涨。"俏"意思就是价格攀升潜力很大。清代的官窑瓷器在拍卖会上价格很高, 几千到几万甚至几十万。市场行情将这些古陶瓷的拍卖价不断拉高。

据中国艺术品市场监测中心的数据, 中国书画与瓷器依然是各大拍卖场的主力, 其中书画占 41.54%, 瓷器占 40.93%。

|第四章| 收藏界的骗局和防骗之道

物以稀为贵

搞收藏，要具备眼力、财力、耐力和借力。有眼力，就是要目光敏锐；有财力，就是要量力而行；有耐力，就是收到好东西要能守得住；同时还要懂得借力。明代大收藏家项子京，富可敌国，王羲之的《平安帖》《奉橘帖》等八幅书迹都是他的藏品。他除了眼力、财力、耐力之外，还知道借力。大书画家和鉴赏家文徵明就是他的第二双眼睛。文徵明的两个儿子文嘉和文彭，很长一段时间都住在他家里，帮他鉴定东西。当代收藏家也可以找真正的专家帮忙"掌眼"。

收藏是一项个人爱好，很多收藏家对此倾注了太多的情绪和感情。著名作家和文物鉴定家刘育新曾说，他走过很多地方，接触过形色各异的人，发现随着收藏人数的不断增多，随着各地收藏节目的增多，收藏被幻化成了大家梦想的精神家园。他说文物本身积淀了浓厚的传统文化，很多人看收藏节目主要是为了增长知识，通过这类型的节目学习收藏知识。从这个角度来看，不管是娱乐化的文物收藏，还是真实状态下的文物收藏，传播知识是第一位的。

收藏品之所以被人收藏，就在于珍贵和稀有这两个特点，所谓物以稀为贵。这两个特性表现于文化和物质的两个不同方面，文化上的艺术属性和物质上的稀缺属性综合在一起，形成了市场价值，所以收藏无法脱离和经济的关系，也无法脱离和政治的关系。

当然，收藏乱象也是收藏的一方面，缺少文化品格的收藏行为不仅降低了一些人的文化素养，造成了市场混乱，也间接破坏了社会和经济的稳定。

因此，在收藏的过程中应坚守自己的文化品格，才会让收藏行为变得更加有意义。

收藏界骗局多

很多企业家收藏艺术品，并不是为了收藏而收藏，更多的是在投资。对于有的中国企业家来说，收藏不过是保持资金不贬值的一种有效方式。据统计， 95% 的企业家收藏艺术品只是为了投资。

据相关收藏家表示，收藏市场里投资者的比例占20%，真正的收藏家占80%，这个市场才能平衡。如果偏离了这个比例，就会导致市场过热或者过冷。而现实是，真正的收藏者屈指可数，更多的是抱着投资赚钱的心态，希望捡到漏，从而一夜暴富。捡漏、跟风盲从，这种极端求富的心理急切且热烈，导致收藏者变得极为浮躁。再加上鉴定机构的缺位，让收藏乱象更为突出。

学者专家建议政府组建民间收藏评定委员会，以改变

目前缺乏公信力的鉴定现状，提高艺术品市场的收藏质量和鉴别标准，促进收藏品业的繁荣和发展。同时，专家也建议对机构颁发的证书进行监督，通过法律途径和信用机制，制约文物、艺术品鉴定行为。

文玩界的造假案层出不穷，涉及的金额也是屡攀高峰。比如文玩界出名的造假案——谢根荣造假"金缕玉衣"案。2011 年，据《京华时报》等媒体报道，商人谢根荣凭借两件假"金缕玉衣"取得银行信任，不但为之前 6.6 亿的借贷做担保，还获得 5000 万元贷款及 4.5 亿元银行承兑汇票。经审判，谢根荣被判处终身监禁。

"藏品造假很严重，70％～80％都是假的，拍卖行出现之后，经营形式有变化。不只是有兴趣的藏家买，一些有钱人也都在买。这些买家不差钱，但文物数量有限，没有假货才怪！"一位瓷器店主说。

艺术品资源是有限的，但面对巨大的市场需求，造假不可避免。

想要通过藏品一夜暴富？更可能的是一夜返贫！马未都告诉我们，确实有人买一件藏品获利百万甚至更多的例子，但是一夜返贫的例子更多。如果把全部财富赌在一件物品上，而且还是假的，那一夜返贫就太正常了。大部分投资者都有赌博心态，有赌博心态就有极大可能会失手。

如果想把收藏品当作投资理财的工具，那么切勿贪财。毕竟捡漏暴富的概率跟中彩票差不了多少，只要不贪心，平时谨慎一些，就可以杜绝大部分骗局。收藏其实最讲究的是乐趣，而不是追求暴富。

收藏艺术品，切忌相信一家之言。首先自己要不断学习关于藏品的相关知识，多听听权威专家的讲座，不要人云亦云，藏友们应"理论先行"，修炼自己的历史、文化内功；其次要广交好的藏友；再次是利用展览、拍卖的机会多接触实物、仔细观察。

不管如何，企业家一掷千金买进收藏品的同时，也帮助中国收回了很多珍贵的文物。因此，在企业家收藏雅趣的背后，不论是看不见的刀光剑影，还是看得见的文化传承，都值得尊敬。

互联网收藏新骗局

初春的北京，料峭的春寒夹杂着五更天空气中的水汽，显得分外凉。坐落于北京东三环的潘家园旧货市场慢慢热闹起来，来自于全国各地的古玩摊主们，纷纷在自家摊位前开始了一天的忙碌。从成色各异的古籍字画、珠宝玉石到近代的旧书刊、漫画，都在昏黄的灯光和明晃晃的手电下等待着买主的检验。来自朝阳区的老余便是买主之一。

退休语文教师老余踏入收藏圈有十年了，他收藏的对象是近代书法字画。与众多老年收藏爱好者一样，老余对待收藏的态度更多的是兴趣，接受过高等教育的他并不相信电视和广播里的收藏品推销广告，而是在孙子的帮助下学会了使用智能手机查找资料，甚至还和那些爱好相同的朋友们建立了微信群，分享关于书法字画收藏的经历，也会互相提醒最新曝光的收藏骗局。虽然在警惕性上做足了准备，也对日益兴起的互联网有所了解，但老余还是在收藏骗局里遭受了一次惨痛的教训。

有一次他的藏友群发了一条"免费收藏品鉴定"的广告，号称是中国收藏家协会的下属分支机构举办成立十周年的回馈活动，邀请群内的藏友免费参与鉴定。起初，老余并没有动心，但他很快接到了一通来自该机构的邀约电话，对方在电话里准确无误地报出了老余的各项个人资料，甚至说出老余一年前在某收藏品网站上订购了一幅民国年画，解释称此网站隶属于该机构，因此曾在该网站购物的老余成为荣誉客户，可以享受专家提供的免费鉴定服务。

将信将疑的老余如约来到了该机构位于北京的办公场地，看到该机构热心接待的办公人员和墙上悬挂的各色荣誉证书，老余忐忑不安的心才算放了下来。很快，一名所谓的收藏"专家"开始对老余带来的字画进行鉴定，称其中一幅古画具备极高的艺术价值，可以拍卖到十余万元的高价，该机构愿意出价 12 万元将画从老余手中收购，但需要他提前缴纳 5000 元的鉴定费用，以便进一步采用专业仪

器予以鉴定。

考虑到收藏"专家"看中的那幅古画确实是自己众多收藏中最有价值的一幅，并且该机构也愿意开具鉴定费用的缴纳收据，老余便从银行卡里取出 5000 元钱交了，回家等待着鉴定结果的出炉。直到约定的期限从两周拖延到一个月，该机构联系人的电话也处于无人接听状态，老余才意识到，所谓的免费鉴定活动和号称十余万的拍卖价值，都只是事先谋划的骗局。

但让老余百思不得其解的是：为什么骗子会有自己详细的个人资料，甚至连自己在网络上的购买行为都一清二楚？

大数据是一把双刃剑

如果你是一名业务繁忙、手机24小时待机的商务人士，你一定会发现一个极为有趣的现象：不知道从什么时候开始，那些不胜其烦的电话推销方式已经悄然完成了从"广而杂"向"窄而精"的转化。推销房地产的不再会给大学生送去"问候"，宣传美妆护肤的也不再会拨给膀大腰圆的中年大汉，而这并不是因为那些无良的诈骗团伙或者推销中介终于改过自新，而是因为他们的黑手中多了一件叫"大数据"的武器。

所谓大数据，指的是采用新型软件工具在互联网上进行捕捉、管理和处理的数据集合。换句话说，我们在网络上遗留下的所有痕迹都可以被自动采集，大到姓名、联系方式、家庭住址等个人资料，小到订的外卖、买的商品、在

网页上搜索的信息，都可以成为一串数据，共同拼凑出一个完整的你。

这也是收藏品诈骗近年来日益猖獗的重要原因。诈骗团伙通过某位收藏者在搜索网站上查找的收藏资料、进行的收藏品交易乃至在论坛上与藏友的交流分享，可以详细掌握其个人信息、收藏偏好、鉴别水平、消费水平等情况，从而打造出一套量身制作的"定制化"诈骗服务。

今年50岁的张先生就遭遇了这样一起"定制化"骗局。由于经济形势不景气，张先生经营的一家小型电子代工企业未能顺利从银行拿到贷款，面临着资金链断裂的风险。救"厂"心切的张先生只得将自己十余年来积累的收藏品挂在某家收藏品交易平台上出售，没过多久，张先生便接到了一位买家打来的电话，称有意购买其中三件总价值约为300万元的藏品，但要求见面详谈。

等到张先生如期来到约定地点，和这位买主有了一番初步交流后，才惊讶地发现两人不但是同乡，更有着相似的经历与收藏爱好。正处于事业低谷的张先生顿时产生了他乡遇故知的欣喜之情，对眼前的陌生人也逐渐放松了警惕。由于交易金额较大，对方提出了进行专业鉴定的要求，并声称自己与一位收藏品鉴定专家私交甚好，可以在鉴定费用上打折扣。正逢资金紧缺，又对同乡无比信任的张先生便答应下来，于是一步步陷入了对方精心布置的骗局。

数年之前，盛行于收藏圈的骗局多半是在谈话中套取受骗者的个人信息，并通过随机应变来博取信任。但随着大数据的发展应用，如今的诈骗者可以清楚地掌握"猎物"的所有资料，即便是那些不喜言谈、小心谨慎的藏友，面对伯牙子期般的"知己"，又有多大的把握做到全身而退呢？

防骗之道

著名军事战略家孙武提出了"兵无常势，水无常形"的战略思想，而要想成功摆脱多变的收藏骗局，最明智的应对方法也同样蕴藏在《孙子兵法》里，即"知己知彼，百战不殆"。在收藏领域，这句至理名言可以具体划分为四个关键步骤：

第一，明确收藏目的。当我们反观众多藏友不幸被骗的经历时，不难发现这样一个问题：绝大多数受骗者都缺乏足够的目的认知能力。也就是说，很多藏友对自己涉足收藏的目的尚未明确，这直接导致了因兴趣收藏的藏友在金钱的诱惑下步入深渊，因投资收藏的藏友在情怀的引导下做出错误的判断。

第二，了解藏品价值。对所持收藏品的价值不清楚，也是收藏骗局横行的重要原因。许多藏友购买收藏品是以收藏理论与自己的判断作为依据，但由于鉴定市场鱼龙混杂，而专业鉴定所需的费用较多，他们往往不愿意花钱为藏品进行准确估价，这便给了诈骗者可乘之机。当我们清楚掌握手中藏品的价值后，又怎么会被那些假借高价行骗的不法分子打动呢？

第三，坚持自己的判断。在对收藏目的与藏品价格有明确的认知后，接下来需要做的就是坚持自己的判断，不要轻易为他人的言语动摇。并非每个收藏者都能有好运，诈骗者往往会事先串通好"专家"，让藏友产生一夜暴富的错觉。这时就需要我们保持清醒，要么坚持判断不为所动，要么在多方求证后再做出决定。

第四，学会借助互联网的海量资讯不断学习。绝大多数收藏骗局发生在中老年收藏者身上，一方面是因为该群体具备较为雄厚的经济基础；另一方面则是他们在思想观念上往往较为保守，对新生事物的接受能力与接受欲望都不强，给了互联网诈骗者可乘之机。

总而言之，防骗是收藏市场长盛不衰的主题。有人一时失足，把半生的积蓄都交了学费；有人谨慎机敏，在辗转之间远离骗局。每年有无数收藏者与诈骗者涌入这个市场，上演着一出出惊险博弈。

层出不穷的藏品伪造技术

从经济学理论上看，任何一个市场的成熟都需要以商品与消费者的多元化作为基础。逐渐从艺术层面向投资层面转化的收藏市场，同样适用于这条铁律。众多怀揣资本热钱的收藏者并不愿意在收藏鉴赏知识上投入较大的时间成本，这就导致了收藏品鉴赏能力的供需失衡，从而让伪专家与高仿赝品得以大行其道。

企业家收藏群体除了需要承担较高的时间成本外，还面临着在系统性学习方面进展不足的问题。

客观来说，要想从一无所知的入门级玩家晋升到专业藏家的程度，所花费的时间可能需要以年来统计，甚至还需承担数次失败带来的损失。即便是身价过亿、阅宝无数的收藏大家，刚入行时也一样不断受挫。虽然进阶的道路很漫长，但并不意味着它是费时无用的，尤其是当你可能花费数十万甚至上百万买回一件上周的"文物"时。

要想在收藏过程中避免被坑，最重要的是要对市场上普遍存在的制假手段与赝品特征有清楚的认知。我们只有对各种仿造技术高超的赝品了如指掌，才能真正做到知己知彼，百战不殆。

在收藏市场上，藏品造假的重灾区主要集中在书画、瓷器与青铜器三大领域，而随着科学技术的不断发展，造假的技术成本也在不断降低，但在品质方面，却越发能以假乱真，给广大收藏爱好者带来了很大的困扰。

书画的造假往往分为三个环节：首先是请书画领域的专业人士在事先准备好的宣纸上对真品进行临摹；其次是对临摹完成的作品进行做旧处理，其中茶水熏蒸是最普遍的手段，即通过茶水蒸发产生的气体让宣纸与颜料迅速陈化，起到人工熏黄的作用；最后是细节的处理，造假者为了使赝品更为逼真，往往在赝品上制造出虫蛀、香薰的痕迹。

瓷器的造假则更为批量化、工业化。古瓷器的两大特征：一是由于古代柴烧窑炉制热不均所遗留的气泡；二是瓷器表面经过岁月打磨产生的细微裂纹与氧化痕迹。造假者通过电子控温技术能够仿造出接近古代柴窑的效果，但还是会有差别，需要仔细甄别。造假者还将新烧制的仿古瓷器经过高锰酸钾浸泡、石块敲击、泥土掩埋等工序，制作出裂纹与氧化痕迹。

而青铜器的造假更是达到了相似度超过九成的效果，即使是专家级别的鉴定者也很可能判断失误。通常情况下，高仿青铜器的制作需要四年以上的时间，对造假者的专业素养与造假手段要求也是极高。因此，对于初入收藏领域的收藏爱好者而言，购买青铜器是一件极为冒险的行为。

收藏品骗局在收藏品市场上早已屡见不鲜，中老年收藏爱好者素来是收藏诈骗的首选人群，他们往往有着丰富的收藏理论知识，但在实际鉴别上却经验匮乏，而独居老人精神上欠缺关爱，也会让他们轻易地相信那些过度热情的陌生人，以致掉入精心布置的陷阱。在公安部破获的一起收藏品高额返利诈骗案件中，该诈骗团伙甚至编写了详细的推销话术来引诱老年人购买假古董。

除了通过拉近关系诱导消费外，谎报高额的利润回报也是收藏诈骗中常见的手段，即使是经济条件较为优渥的退休老人，也难免在诈骗分子所承诺的动辄数十万元的虚假回报额面前丧失理性。为获取受害人的信任，诈骗团伙通常会在交易完成的初期如约支付月度回报额并赠送各种礼品，从而为其二次诈骗打下基础。

看似种类多变的收藏骗局却充斥着同样的破绽与漏洞，收藏者只需加以细致分析，便不难发现其套路。下面我们来看几种类型的骗局。

以虚拟身份兜售伪造收藏品：此类作案手法可以说是收藏骗局中最为常见的一种，诈骗人通常假借各大银行、中国收藏家协会与知名收藏公司的名义，通过电话推销专题邮票、纪念金币、绝版纸钞等不易鉴别真伪的收藏品，并许诺在购买后将以高价回购。由于诈骗者多采用网络虚拟电话进行广撒网式诈骗，受害者与警方事后追回受骗款的难度较大。

利用高额回报诱导购买：由于电话推销方式可信度较低，在高档办公楼进行诈骗的做法就显得"正规"许多。

这样的诈骗团伙往往会利用虚假信息注册收藏品公司，以免费赠送纪念品等方式吸引同城老年收藏者到访，在骗取其信任后向其兜售实际价值较低的收藏品，并称将通过内部操作对其所购藏品予以高价拍卖。

假借收购骗取手续金：收藏公司的"鉴定专家"在收藏者的众多收藏品中挑选出了综合价值相对较高的一幅，并进行了专业的鉴定，但其开出的高价远远超出了藏品的实际价值，旨在引诱藏品所有者支付不菲的鉴定费用。而在众多的收藏品骗局中，此类骗局由于真假难辨的鉴定水准与相对标准的操作流程，很容易让人信以为真，落入圈套。

道高一尺，魔高一丈。收藏者与诈骗分子之间的博弈可以说从未停止，骗局的多样性也不断翻新，但各类骗局得以成功的根本原因，仍然在于受骗者鉴别能力的缺失、市场行情掌握的缺乏，以及在突如其来的巨额财富面前丧失理性的判断。

贪婪，才是收藏者永远的死敌。

古瓷器的鉴定项目

古瓷器的鉴别和鉴定技巧很有讲究。

一是归属年代的鉴定。古瓷器的鉴别主要是区别年代，年代鉴别比较复杂，主要是通过看瓷器表面的反光程度、胎体的颜色和外观形状等，确定基本的年代。

二是完整度的鉴定。主要是通过观看表面裂纹、脱釉、磕碰、补接、擦划等形式，来判定瓷器是否完整。

三是艺术价值的鉴定。任何一种古瓷器都具备收藏价值，同时还具备历史价值，比如这种古瓷器是不是官窑，是不是为名人使用，是不是具备特殊的历史意义，这些都将影响瓷器的收藏价值。

四是材质的鉴定，主要是通过鉴定古瓷器的材质来判断其出土地点和制作材料，如是否是特殊精细陶土、胎釉等，进行综合鉴定。两者结合可以更好地辨别古瓷器的烧制年代、化学成分以及整体价值。

五是稀缺性的鉴定。在古瓷器的鉴定过程中，有很多鉴定因素，其中一项就是鉴定古瓷器的稀缺性。越是稀缺的瓷器，它的经济价值就越高，通过学习稀缺性鉴定方法，可以更好地判定每个古瓷器的经济价值和收藏价值。

古瓷器的鉴定技巧

每件古瓷器都承载着一段历史。精品古瓷器价位的提升，促使很多投机取巧之人开始进行古瓷器造假，出现以次充好、鱼目混珠等情况，大大地伤害了古瓷器市场的诚信制度，也影响到了收藏行业和古玩市场的发展。想要解决这样的问题，收藏家需要掌握古瓷器的鉴别技巧。古瓷器的鉴别技巧用五个字可以概括：望、闻、问、切、地。

第一，望，古瓷器的鉴别需要多看。很多收藏者在收藏古瓷器时并不会仔细观看，他们对自己的鉴别能力非常有信心，从而往往看走了眼。望：第一是去各大博物馆看，国有博物馆和民营艺术博物馆都要多去看；第二是看书，要多涉猎艺术品投资、古瓷器鉴别研究的书籍或者杂志。这些书籍可以帮助我们了解收藏古瓷器的专业知识，同时也可以更好地规范收藏者的价值观。收藏是一种高雅的文化活动，为了避免收藏到赝品，仔细观看必不可少。

第二，闻，闻的意思就是听。通过敲击古瓷器，听古瓷器所发出的声音来确定藏品的真假。通过对藏品的"闻"，可以更好地帮助收藏者鉴别古瓷器的真假和价值的高低。

第三，问，就是询问和求教。进行古瓷器的鉴别需要尽可能详细地询问藏品收藏时间、收藏年代、收藏价格，等等，同时还需要求教知情的专家。

第四，切，就是多实践。收藏古瓷器绝对不能纸上谈兵，需要多与藏友交流分享收藏经验。不能照本宣科，不能对照书籍的颜色、大小和样式去鉴定。书籍印刷出来颜色会有偏差，这种偏差对于古瓷器鉴定可能是致命的。要多实践，多看博物馆里的收藏，多观察收藏家手里的藏品，多进行比较鉴别，才能更科学地进行鉴定。

第五，地，是指本地，本地收藏品更容易鉴定。比如江西的景德镇是出品官窑瓷器的地方。

收藏品鉴赏进阶三步走

知名收藏家马未都先生曾经将收藏眼力的磨炼比喻为修行，只有保持平和、虔诚的心态，日复一日地坚持学习，才能练就一双火眼金睛。而收藏品鉴赏的修行之道又可以被归纳为三重境界：多看、多读、多买。

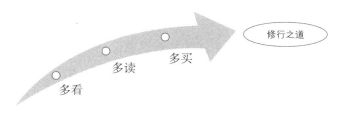

图 4-1　收藏品鉴赏的修行之道

也许有人会质疑，如果连基本的收藏知识都没有掌握，看再多的珍品又有什么意义呢？我们不妨举一个例子：在

任何一个古玩市场，那些在古玩堆里摸爬滚打了数十年的古玩店老板往往比理论知识丰富的学院派收藏者拥有更为敏锐的眼力，哪怕他们对收藏鉴赏理论一窍不通，也可以从堆积如山的古玩里迅速挑选出真品。这恰恰说明了亲身实践在收藏领域的重要性。所以在迈入收藏圈的初期，不妨多去博物馆欣赏那些艺术大师的真品与历史久远的器物，从而培养对收藏品的眼力与直觉。以书画作品为例，如果你对齐白石、徐悲鸿、潘天寿等大师的每一幅作品都了如指掌，甚至连画卷中的细节都像刻在脑子里，那么要区分真品与赝品也就变得简单了。要知道，收藏品是最直观的视觉艺术，对比作品更容易辨别真伪。

对真品有了足够的鉴赏与感受之后，通过阅读进而积累知识，就可以发挥其独特的作用。所谓阅读，包括收藏投资与资产布局、收藏市场门道与规则、收藏品鉴赏方法与收藏文化等三类书籍，其中收藏品鉴赏方法与收藏文化是需要着重研读的部分。书籍可以帮助我们从宏观层面了解藏品所属时代的历史、经济、人文风貌等，以增强我们对藏品细节的辨别，再结合微观层面的收藏品鉴赏方法，运用到实际操作之中。

就某种意义而言，收藏投资领域的实际操作要比理论学习更为重要，可以说"不经历与商贩讨价还价的藏友不足以谈收藏"。在收藏市场上的锤炼，不仅可以将理论知识运用于实践之中，更可以帮助你掌握收藏市场的各类潜规则。无论是某类收藏品的行情变化，还是在交易中所需的技巧，大多来自实际操作经验。这些经验既是防范收藏骗局的天然良药，也是积累经验的最佳途径。正如马未都先生所言：在艺术品收藏市场上，从来都不存在捷径。

互联网收藏变局

开启收藏与投资的秘密

第三部分

企业家收藏的黄金时代

　　盛世有礼，收藏无境。收藏是一行人类、民族、国家永无止境的基业，也是延续其源远流长历史、文化的根本命脉。今天，企业家也自然地担当起了这一使命，越来越多的企业家进入了收藏圈。

|第五章| 企业家应具备收藏意识

企业家收藏生态链

相比个人，在资金的使用上，企业更具优势。企业将闲置资金，投资于艺术品收藏，也不失为一种好的资产增值之道。而且，持有一定数量或者有特殊意义的藏品，有利于彰显企业形象，有利于企业文化的传播。近年来，专门为企业举办的收藏论坛逐渐出现，这些论坛主要在收藏意识、艺术品鉴赏、规避收藏风险、指引投资方向等方面为企业收藏保驾护航。

经济腾飞的同时，越来越多的企业看到了收藏的价值所在，愿意在收藏上进行投资。与过去相比，企业在艺术品拍卖和收藏品投入方面逐年增加。企业期望在投资艺术品的同时，达到提升企业知名度、宣传企业文化的作用。例

如，中国建设银行收藏了一批国内外知名的艺术品，包括刘春华的《毛主席去安源》、光绪年间的斗彩花卉纹盘、徐悲鸿的《奔马图》、张大千的《泼彩山水》；泰康人寿保险股份有限公司则藏有吴印咸的《艰苦朴素》、陈逸飞的《黄河颂》和曾梵志的《无题》等作品。

现在，不少企业还会建立博物馆、美术馆等，比如，老字号中药企业同仁堂便以中医药历史和文化为主题，陈列展示近千件历代文物，讲述了同仁堂的创立、发展历史以及中药的制药过程，彰显了同仁堂"讲仁德、重质量、秉诚信"的企业文化精髓；始建于1984年的汾酒博物馆，几个展厅内对杏花村遗址中发掘的酒具，汾酒的历史、酿造过程，汾酒企业的发展等，进行了展示。

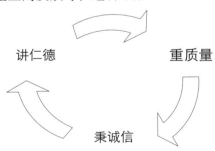

图 5-1 同仁堂的企业文化精髓

第五章

企业家应具备收藏意识

虽然建立博物馆的知名企业不在少数，但目前大多处于"养在深闺人不识"的局面。究其原因，一方面是企业宣传度不够，另一方面是陈列设置上缺乏专业化，未能及时更新。虽然有的博物馆承诺对外开放，但是需要预约，这就难免打消了参观者的热情。因此，企业在注重收藏的同时，也应该加强对企业博物馆的管理和宣传，使其成为宣传收藏文化和企业文化的一个窗口。

据中国收藏协会统计，中国的企业家占收藏总人数的比例已超过了 20%，其整体购买力已经达到了 60%，均活跃于北上广这些大城市的大型拍卖会场。相比港台地区的企业收藏家，大陆的企业收藏家起步比较晚。据专业机构分析，5 年前大陆买家比例不足 5%，但是现在已经接近 50% 了。

在艺术品收藏的所有门类中，书画收藏一直都被企业家所青睐。这些书画藏品低则几万、几百万，高则几千万、几个亿。企业家们一掷千金的背后，到底有哪些深层次的原因呢？下面就从三个维度分析企业家收藏背后的利益生态链。

首先，从传统文化方面分析，企业家进行书画收藏，主要是为了传承书画中蕴藏的文化内涵。我们都知道，文化的繁衍生息离不开人类的进步，也离不开代代相传的艺术创作。文化伴随着人类诞生而产生，书画艺术也在人类文化形成的过程中逐渐发展。书画艺术的历史源远流长，涵盖了中国传统的文化、哲学、美学和历史。两千多年来，在中国传统文化的滋养下，书画形成了独特的艺术体系。

其次，从经营战略方面分析，中国书画中的很多哲学观念深刻地影响着企业家的经营理念。未来企业的竞争就是文化的竞争、人才的竞争，现实需要有文化内涵的企业家。因此，企业家越来越重视书画文化。企业家可以将书画中获得的哲学思想用到企业管理上。有的企业管理风格、经营战略都明显地体现出了中国传统哲学思想。

在商业氛围越来越浓的时代，很多企业家越来越重视传统文化，这正是现代企业家在个人品位方面的升华。比如有的企业家学习书画，他们并非要成为书画家，而是在于陶冶情操、深化品格，培养自己豁达沉静的心境。有的企业家已是卓有建树的书法家，且一个擅长书画艺术的企业家可以在生意场上借助这一优势左右逢源。

　　企业的成功离不开公共关系的营造和建立，而以收藏艺术品作为构建公共关系的载体便是一种很好的方式。回看国内外的大企业家，但凡是名垂千古、拥有百年基业的，都非常重视企业文化的积累和发展。

　　再次，从投资盈利方面分析。企业家收藏书画也是一种投资。书画艺术品就是"软黄金"，这已经是很多国内外藏家公认的事实。这些"软黄金"不仅可以保值增值，还能抵抗财务风险。有专业机构分析，近 20 年，全球书画艺术品市场的投资增长率已超过 30%，我国书画艺术品收藏的市场价格平均每年增长 30%~50%。有些书画艺术品的增值率远远大于股票、房产和贵金属。

文化产业是企业的软实力

在中国经济快速发展的今天，文化产业正成为新的经济增长点。据权威部门统计，目前我国艺术品收藏爱好者和投资者已达 7000 万人，年交易额近 200 亿元，艺术品投资正成为继房地产投资、股票投资后的又一热门投资方式。

相比国内，国外企业涉足收藏行业的时间更长，其收藏种类更加丰富。20 世纪 80 年代中期德意志银行总部迁入双塔大厦时，决定将两座大厦的部分空间用于展示艺术家作品，A 座展示德国和欧洲的先锋派艺术作品，B 座则收藏来自世界各地知名艺术家的作品。经过多年努力，到目前为止，德意志银行已藏有 56000 余件艺术品，成了世界上最大的艺术品收藏企业之一。

为了展示这些艺术品，德意志银行以巡展的方式与博物馆合作，公开展览，或是将作品赠送给相关机构。施罗德集团、渣打银行等国外企业在艺术品收藏上也是历史悠久，藏品数量多，收藏范围广泛。

不同的艺术品反映了所在时代和地区的文化、民俗、审美等，是人类发展进程的记载和再现。作为不可再生的财产，无论是古代还是现代的艺术品，都值得去珍惜。企业在创造经济价值的同时，还可以通过收藏行为表达对社会的责任和对文化艺术的重视。

西方企业之所以在艺术品收藏方面的历史较长，有一个重要原因是他们为了促进企业发展，需要将艺术作为企业宣传的手段，并将产品与艺术品相融合。为此，企业需要与艺术家进行合作，甚至督促艺术家创作。

今天，艺术已经成为某些企业不可分割的一部分，产品的设计、包装到广告都融入了艺术的因素，越来越多的企业开始在艺术品方面进行投资。但是，作为企业本身，在进行艺术品投资时需要注意不能盲目投资。一是要选择高品质的艺术品，宁缺毋滥；二是不能只关注某位艺术家，不能只收藏某位艺术家的作品，否则会增加企业收藏的风险；

三是切勿东一榔头西一槌，失去了投资重点；四是要注重企业收藏文化的培养，通过专家讲座、专业管理等方式，提升企业管理者的鉴赏水平，给予员工欣赏藏品的机会；五是借鉴西方企业收藏的经验，建立良好的收藏理念和管理方式。

企业收藏才刚刚起步，未来任重道远。中华上下五千年的历史，文化艺术资源丰富，但是艺术品收藏市场风险颇多，没有足够经验的企业和个人在收藏艺术品时很容易触礁。作为企业，也需要严格自律，恪守原则，在收藏的同时，还应积极参与艺术市场的建设。

未来，企业收藏将发挥更大的能量，扮演举足轻重的角色，在中国收藏市场中发挥重要作用。

企业收藏的发展一般会经历三个阶段：

第一个阶段，是从企业管理者的个人爱好转向企业收藏。管理者在收藏了一定数量的藏品后，为了藏品或者企业发展的需要，通常会将其从个人行为转化为企业行为。这个时期，在收藏的方向和主题上，企业一般会延续管理者的风格。

第二阶段，是企业收藏与企业经营管理的关联阶段。这个时期，企业收藏品已经在数量上有了一定的规模，必然会与企业经营进行某些方面的融合，收藏方向也会倾向于经营相关的内容，从而树立良好的企业形象，增强企业的文化内涵。

第三阶段，是企业收藏体现社会责任的阶段。企业经历前两个阶段后，开始注重企业文化与收藏的关系，会思考如何更好地管理藏品，会考虑企业所承担的社会责任与收藏文化的关系。

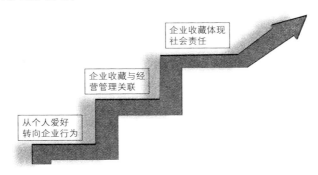

图 5-2　企业收藏的三个阶段

就我国而言，目前企业收藏多数还停留在第一、第二

阶段,有少部分企业在向第三阶段发展。

　　企业的管理者应意识到,在企业藏品达到一定数量后,就不能再以个人的喜好作为标准,而是应该建立合理的收藏机制和规范的管理体系,在藏品的选择、分类、保管、研究等方面形成一套行之有效的规范,将收藏从单纯的"收"走向"藏"。此外,参与艺术品收藏的企业不断增加,对推动国家出台企业收藏的相关政策或者规定会有促进作用,有利于规范企业收藏行为,促进企业收藏的良性发展。中国企业收藏大致经历了以下几个阶段:

起步阶段

　　2010 年之前,我国的企业收藏还处于萌芽阶段。这个时期,很多企业仅注重产品的经济效益,没有萌生艺术品收藏的意识,至于企业发展与艺术之间的关系,更是无暇顾及,更遑论参与艺术品收藏或者与艺术家合作了。

　　企业与艺术的结合,通常需要企业发展到一定阶段或者企业在发展过程中有艺术基因参与。国外有不少企业与艺术家有业务合作或者赞助一些艺术活动,例如路易威登与波点艺术家草间弥生合作推出的奢侈品,Gucci 与年轻插画家 Angelia Hicks 推出的 T 恤等产品。这种合作，无论是对企业而言还是对艺术家而言，都是一种双赢战略。随着我国企业越来越多地参与多面合作，越来越多的企业也积极参与到相关活动之中。

蓬勃发展阶段

2010 年以后，我国企业收藏进入了蓬勃发展的阶段。不少企业脱离了初期埋头于生产经营的阶段，眼界放得更宽，更具国际化，企业愿意在艺术品方面进行投资。据统计，2010 年，中国企业在收藏方面的投入约为 300 亿元，到 2015 年，这个数字增长到了 680 亿元。仅 5 年时间，增长了一倍之多。不仅是收藏的投入在增加，在收藏类别上也有变化。初期，中国企业收藏的艺术品大多以国内的艺术品为主，如中国古代书画。后期，现当代的艺术品和国外艺术家的作品也进入了中国企业收藏的范畴。

视野国际化阶段

在全球经济一体化的趋势下，企业的发展需要国际化，企业的收藏也需要放眼全球。作为中国商业地产领头羊的万达集团，在艺术品收藏方面相当大手笔。自 1988 年成立

以来，万达集团在艺术品收藏方面颇有建树，赵无极、吴冠中、石齐、吴大羽等近现代书画名家、油画家的很多作品，都被万达集团收入囊中。

不仅如此，万达还收藏了毕加索的画。2015 年抽象派油画《阿尔及尔的女人（O）版》以 1.794 亿美元（约 11.1 亿人民币）的价格创下拍卖新纪录。这个价格打破了之前英国画家培根《弗洛伊德三习作》创下的 1.42 亿美元的纪录，成为全球最贵拍卖画作。

1955 年，毕加索对欧仁·德拉克洛瓦的《阿尔及尔的女人》做了 15 幅变体画，（O 版）是对前面 14 幅的总结，最完整也最深刻，有关此画的论述也很多。

2013 年，万达集团在纽约佳士得拍卖夜场中，以约 1.72 亿元人民币的高价拍得毕加索作品《两个小孩》。这是万达集团收藏海外艺术家作品的首次尝试，引起了国内外的广泛关注。对此，万达集团艺术品收藏负责人郭庆祥表示，虽然花费重金拍得该作品，但也经过了万达收藏团队的深入研究分析，此次拍卖并非一时头脑发热之举而是深思熟虑后的行为。他还表示："好的艺术品，每个国家都可以买。艺术不分国界，真正的艺术是供全人类欣赏的，不会局限于种族和地域。像毕加索这样对世界美术发展史做出重大贡献的画家，他的优秀作品，万达没理由不买。"

万达的收藏行为一定程度上印证了中国企业在收藏理念上的国际化提升，代表了中国企业收藏品味的日臻成熟。

企业将成为重要购买力

企业收藏与个人收藏相比，有其独特优势。企业在资金利用、团队协作方面更能发挥其作用。

企业开始收藏之路，通常是在其盈利多、效益好、现金流充足、对企业文化建设有帮助的情况下进行的。随着企业收藏的进行，很多企业开始布局收藏战略，在收藏上更加专业化和系统化，在藏品选择上更理智。

2013 年 12 月 2 日，在四季酒店举行的北京保利国际拍卖有限公司秋季拍卖会上，书画大家黄冑的《欢腾的草原》以人民币 1.288 亿元被宝龙集团竞得。这个价格作为 2013 年秋天内地拍卖市场上唯一过亿的拍品，不但刷新了黄冑个人作品拍卖纪录，同时登上了当季全球中国近现代书画拍卖价格榜首。

第五章

企业家应具备收藏意识

2016秋，在北京保利"中国近现代书画夜场"中，宝龙集团以1.955亿元竞得齐白石的《咫尺天涯——山水册》。

从各大拍卖行的拍卖数据可以看出，高端拍品的竞得者几乎都是企业，如万达集团、龙美术馆、新疆广汇、宝龙集团、苏宁集团等，无不显示了企业资本在拍卖市场的活跃。2016年中国艺术品拍卖市场，包括大陆和港澳台地区，一共出现了15件过亿元的拍品，买主大多为企业。

有些企业不仅仅满足于收藏，还创建了自己的美术馆、博物馆。宝龙集团旗下有上海、青岛两地美术馆，以及宝龙拍卖、言午画廊、宝龙艺术中心，并正在积极打造一个全方位的产业链。苏宁集团也已经在南京和上海两地建设苏宁博物馆，并大手笔购藏任仁发的《五王醉归图卷》等，以完善苏宁博物馆的藏品体系。

榜单显示，2016年苏宁最为豪气，入手三件拍品，且无论是数量还是价值总和，皆是上榜企业中最高的。与之旗鼓相当的是在2016年上半年春拍中拍下两件亿元拍品的新疆广汇，这是一家实业投资集团；紧接其后的是集商业地产、酒店旅游业、信息业、工业、文化艺术业为一体的

多元化大型外资企业宝龙集团，两件拍品总价值近3亿元，实力不容小觑。

在国外，早有大量企业介入收藏领域。在中国的收藏市场，以前多是个人行为，或是企业家的个人行为，现在的趋势是由企业家的个人行为逐渐变成企业行为。企业进入艺术品收藏领域，是艺术市场发展的必然，也是文化产业、文化资产发展的必然。

企业做收藏无疑有强大的资金支持，然而也需谨慎选择藏品，因此更需具备专业的收藏知识，甚至需要有专业团队协助把控。越来越多的中国企业活跃在国内外收藏和拍卖市场上，中国买家的比例逐年上升。据统计，中国企业的购买力达到了买方市场的60%。

收藏行为为企业知名度背书

企业进行艺术品收藏，一开始可能仅是出于企业自身发展的考虑，随着收藏之路越走越远，管理者也逐渐认识到企业收藏也具有一定的社会公共性。文化艺术品不但是企业的财富，更是全社会共同的财富。这种公共意识推动企业将收藏作为彰显其社会责任和文化传播的重要性。怎样才能在保护藏品的同时向公众展示藏品文化，是企业亟待解决的问题。而成立博物馆或者艺术馆，是企业的不二之选。

企业在获得相当数量的藏品后，开始兴建博物馆或文化艺术馆，以陈列这些藏品。这类博物馆有的用于内部展示，有的则向公众开放。国内最具权威、收藏质量最高的榀联收藏博物馆—山东京博艺术博物馆，投资即近 8 亿元。该

博物馆于 2014 年获批成立，主要收藏楹联艺术品，同时包括书画等作品。自成立以来，该博物馆收藏、竞拍了各式楹联 4000 多件，并依靠藏品优势，主编了《中国楹联法书精品选集》，弥补了国内在楹联收藏和研究方面的空白。

于 1998 年成立的保利艺术博物馆，在收藏上更是审慎精到。该博物馆主要收藏青铜器和石刻像两种类型的藏品，其中相当一部分是艺术品中的精品、绝品或孤品。例如，2000 年，在香港苏富比和佳士得的拍卖会上，保利集团分别以 774.5 万港元、818.5 万港元、1544.475 万港元竞得十二生肖兽首中的牛首、猴首、虎首，既保护了国家文物，也为集团赢得了巨大声誉。通过中国古代青铜艺术珍品和中国古代石刻造像两个主题的收藏陈列，保利艺术博物馆已被业界誉为"中国大陆最具现代水平的博物馆"之一。

企业建立博物馆或艺术馆有几大优势。

一是在一定程度上弥补了公立博物馆的空白。国内没有专门收藏楹联的公立博物馆，上文所述的山东京博艺术博物馆独辟蹊径的收藏种类，为楹联爱好者和研究者提供了比较全面的参观和研究资料。

二是树立企业品牌形象，宣传企业文化。作为向公众开放的场所，企业设立的博物馆在展示藏品的同时，也增强了企业的良好形象，给公众一种企业积极参与社会文化建设的印象。

三是丰富了所在区域的文化生活。一个博物馆或者艺术馆的存在，为公众提供了一个学习、欣赏艺术品的空间，有助于丰富公众的文化生活、审美情趣。

四是凸显了企业的社会责任感。企业建立博物馆，将自己的私人收藏变为公众性收藏，也能吸引社会公众的关注和参与，使得企业的个人行为有了社会公共性。

企业涉足收藏可能并不难，但是建立博物馆或艺术馆之后的管理和运营，却需要投入大量人力、物力、财力，如果欠缺管理经验，势必影响企业形象和藏品的保障。因此，对企业博物馆的管理，是企业必须思考的重要问题。

|第六章| 高端玩家

一夜暴富不是梦

2016 年 10 月，中国当代画家曾梵志所画的《最后的晚餐》被拍出了 1.8 亿港元。同年 11 月 23 日，同样由其所画的《协和医院系列之三》拍出了 1.13 亿港元。同年 12 月 1 日大陆地区拍卖会上，中国画家黄胄画作《欢腾的草原》被拍出了 1.288 亿元的高价。

所谓"富而好礼"，中国的很多企业家和富豪们视收藏书画为乐，金石古玩次之。一批企业家、商界大亨成为各种拍卖会的高端玩家，短短几年时间制造了一次又一次的拍卖神话。有需求就会有市场，接踵而来的需求造就了收藏市场的繁荣。

中国第八届长春民间艺术博览会，第一天就吸引了八九万的人流量，成交额超百万。最近几年，中国文物艺术品市场空前繁荣，人们大规模进入收藏领域。相关数据显示，中国的收藏爱好者数量上亿。商人、企业家、名人争相购买拍卖行的高价艺术品，参与拍卖的人数空前增长。很多藏宝、寻宝的电视节目纷至沓来。

因此，收藏业的多米诺骨牌效应产生了，一夜暴富不再是神话，而是真实的存在。越来越多的媒体开始报道那些收藏奇闻和收藏神话，这让公众对从事收藏业的企业家更为钦羡。

对于富人阶层和企业家而言，如果想要财产保价升值，投资收藏品不免是一种不错的选择。

名人收藏

改革开放之后，中国经济迅猛发展，民营企业家慢慢加入到了收藏大军中。他们热爱收藏的起因在于，那个年代的企业家在商场上已经得到了物质生活的满足，收藏艺术品主要是为了满足精神文化需求。当然，也有些企业家是附庸风雅。有些企业家是国外留学归来，文艺素养非常高，对于他们来说，在繁忙的企业经营过程中参与收藏，也是一种调剂生活的方式。下面就和大家聊聊收藏界名人都有哪些收藏雅趣。

李连杰：体会佛珠的前世今生

中国著名功夫影星李连杰，是一位虔诚的佛教徒，对佛教实物情有独钟。有着收藏佛珠的爱好和雅趣。李连杰认为，佛珠并不是冰冷的实物，而是有着生命的气息。在他的收藏品中，有很多是可遇不可求的上品，但更多的是佛教类藏品，其中包含千年天铁托甲、至尊虎牙天珠以及精品佛像。体会这些佛珠的前世今生，就是属于李连杰的收藏雅趣。

汪涵：收藏与人生

湖南卫视著名主持人汪涵，也有着属于他的收藏雅趣。他不仅是一位收藏爱好者，还对收藏潜心研究了许多年。

他的藏品种类繁多，有字画、烟草、红酒和紫砂壶等。他对收藏也有着自己的体悟。他把收藏分为了七个阶段：第一阶段"遍及真货"；第二阶段"学识渐涨，假货由生"；第三阶段"自辨真假"；第四阶段"诱惑丛生"；第五阶段"真假之辨，过程为本"；第六阶段"走眼观花"；第七阶段"空空如也，拈花一笑"。对于汪涵来说，收藏的雅趣就是他对人生的感悟。

成龙：镜头内外

在国际享有盛誉的影坛巨星成龙先生，在镜头里是一位敢打敢杀的功夫巨星，可是在镜头外，却有着另外一个身份——收藏爱好者。他曾经在接受媒体采访时说，自己

的藏品可以塞满整整八个地下仓库，包含徐悲鸿的画、价值数亿的紫檀木和马靴等生活用品。他最引以为傲的藏品是"古董房子"，目前他已经收藏了几十栋老宅子。

海岩：大家风范

海岩先生是中国著名编剧，是文化圈和影视圈的翘楚。他对收藏是发自内心的热爱，据说他最多的收藏品是几百件精美的黄花梨家具。在别人眼中，他已经具备了一个收藏大家的风范。

谢金松：手机收藏家

谢金松也是一位收藏家，特别的是，尤其对手机感兴趣。

1993 年，谢金松在海宁市发现了一部被丢弃多年的车载模拟手机，这部售价 10 万元的手机成为了他首次收藏的手机。之后，他收藏的手机已经超过 2000 个品种，多达 1.3 万余部。收藏手机便是谢金松的收藏雅趣。

邱建旺：瓷器收藏家

邱建旺是一位有名的收藏家，他的收藏雅趣是对于瓷器的收藏。他还通过瓷器收藏，开始了学术研究。他还专门建了一个邱建旺收藏阁，用于珍藏他喜欢的收藏品。

刘益谦：企业收藏家

刘益谦是上海新理益投资公司的董事长，在积累了原始资金之后喜欢上了收藏，尤其是对书画情有独钟。他的藏品，价格从 18 万到 200 多万，再到几千万，不一而足。不仅如此，他们夫妇还建造了艺术博物馆，真正地把收藏玩出了境界。

孙广信：企业收藏家

新疆广汇集团是一家经营房地产、能源等的大型企业，董事长是孙广信。他的收藏雅趣是收藏书画。2004 年，他先后花了 4620 万元拍到了《雨花台颂》，之后花了 1.242 亿元买到了李可染的《韶山——革命圣地毛主席故居》。

王健林：企业收藏家

中国首富王健林是商业房地产大亨，也喜欢收藏。他的收藏雅趣，要从当初放弃部队和政府的铁饭碗，下海做生意说起。王健林最喜欢吴冠中的作品，曾花费巨资上下搜罗，几乎买下了流落国外的所有吴冠中的画作，足足有70 多幅。

这些名人收藏的案例，让更多的企业家加入到了收藏领域。每年，在世界各地的拍卖会上，如纽约、日内瓦等，中国企业家随处可见。他们都是纵横商界的精英，将眼光放在了收藏领域。热爱收藏的企业家们，赋予了收藏一种特别的意义。

这些收藏雅趣的背后，也有着他们不同的人生感悟和商业经营理念。因为他们的加入，中国的收藏行业出现了新的曙光。

企业家收藏成为一种流行的趋势。在收藏市场中，企业家扮演了举足轻重的角色。因为收藏需要足够的财力作支撑，企业家们因其雄厚的资本成为收藏界的"宠儿"。

互联网收藏变局

开启收藏与投资的秘密

第四部分
收藏的悖论和变革

　　收藏应厚古而不薄今，以传统为基础，随时吸纳有价值的新型藏品，使收藏更为丰富多彩。收而藏之、把而玩之。绝妙处在取法自然。信息科技时代的来临，为收藏带来了新的气息与变革。

|第七章| 提升自己的辨别能力和知识素养

将收藏泛娱乐化

根据近几年的《中国机构收藏调查报告》显示，企业家的购买力已经占到了整个艺术品市场的 60% 以上，企业家已经成为国际或国内收藏市场的中坚力量，活跃于世界各地。

所谓乱世黄金，盛世收藏，如万达集团在 2013 年以 1.72 亿成交了一幅名家油画，又如俏江南以 1.8 亿拿下了马丁•基彭伯奇的作品，并且刷新了马丁的世界拍卖纪录。企业收藏行为在带动话题性的同时，也给企业带来了许多价值，首当其冲的当属宣传价值。

但在收藏不断深入人心的同时，营销模式下的泛娱乐化现象也不可小视。泛娱乐化带来了盲目收藏，也带来了

收藏乱象。

尤其是收藏类媒体节目，更需要严格把关，否则容易将文化艺术引向低俗。

泛娱乐化的危害分三个方面：第一个方面是降低观众的文化品位；第二个方面是减弱观众的社会责任感；第三个方面弱化媒体的社会责任。这三点泛娱乐化危害都是致命的。

第一个负面影响，对于泛娱乐化中的大众传媒，尤其是对于受众面广、泛娱乐化程度较高的电视媒体来说，不仅会降低受众品位，甚至在媒体的"洗脑"下让他们连最基本的判断能力也受到阻碍和干扰。久而久之，浓厚的娱乐氛围会影响受众的意识，甚至形成一种恶性循环，也叫娱乐至死。

第二个负面影响，将严肃的对象用娱乐方法加工之后向外传播，会给人一种不严谨不认真的印象。泛娱乐化行为会促使整个社会缺乏责任感，受众长时间陷入娱乐氛围之中，会减弱人们对社会的关心和热情，对受众的价值观产生消极影响。

第三个负面影响，是弱化媒体的社会责任。因为收藏市场的火爆和收藏爱好者队伍的不断壮大，国内越来越多的电视台为了迎合观众口味，开办了许多与收藏有关的电视节目。纵观这些收藏类节目，却发现其中一部分并非严谨的收藏鉴宝节目，而是泛娱乐化倾向严重的节目。这些节目在传播过程中会表现出一些问题，比如信口开河的估价，现场暴力，请演员当托儿，等等。这些泛娱乐化行为都会让高雅的收藏文化变得低俗不堪。

对于民众而言，谁都希望收藏可以使他们一夜暴富。极具煽动性的估价和错误价值观的传递，会导致某些收藏类节目过于泛娱乐化。解决这些问题，需要注意两点：

第一，加强节目的监管力度。电视节目，特别是收藏类电视节目，利益驱使会造成泛娱乐化。需要监管部门从政策上进行调控和管理，为电视节目营造健康有序的传播氛围。

第二，培植文化内涵。电视节目的异化生产与文化内涵有着直接关系。缺失了文化内涵的电视节目，生命力必然会消退。加强文化创新，强调主流价值观，通过收藏文化与电视节目的有效结合，才能使优秀的传统文化与先进的时代精神有机融合。

收藏知识的重要性

古人云：隔行如隔山，虽然中国企业家对艺术品的热爱情有独钟，但不乏有些企业家对于艺术品的价值和认识不够深入，从某种程度上讲收藏具有一定的冒险性。

常见的风险较高的收藏方式主要有以下几种：

方式一，以物换物。企业家根据自己的条件建立艺术园区，邀请一些艺术家入驻，艺术家用自己的作品抵扣相关费用等。因为相互之间缺乏了解，兑换的作品在收藏界并非能全部得到认可。一般来说，这种方式难以为继，甚至有企业因为这样的投资而导致资金链断裂。

方式二，"艺术顾问"形式。尽管很多企业家身边有一些收藏界"专业人士"，但是他们去拍卖会现场时却对那些藏品价值缺乏了解，从而一味听信他人，导致受骗。

方式三，四处搜罗。由于一些企业家收藏知识匮乏，没有收藏逻辑系统，只凭自身喜好四处搜罗。用这种方式收集来的藏品可能并没有太高的收藏价值，难免给企业家带来了沉重的资金压力。

方式四，根据知名度和曝光度收藏。企业家单纯地以为，较高的藏品曝光度和广告效应，会提升他们在收藏圈和社会中的影响力。于是他们结交几位艺术者，开始花钱搞艺术活动。孰不知，这些所谓的"名人效应"并不一定能给他们带来想要的价值和影响力。

盲目投资不仅会影响企业的声誉，还可能适得其反。不少精明的企业家满怀欣喜，到头来却是竹篮打水一场空，彻底绝望，无不让人唏嘘。但我们也不可能要求企业家一夜之间成了收藏投资的行家里手，要知道除了专业的学习之外，还需要在市场上多年的收藏经历和经验的积累。在这里，友情提醒收藏者和企业家们，必须认真学习一些鉴别藏品的常识，弄清楚这些藏品的价值所在，避免空欢喜一场。

收藏三大要点

收藏是一种享受，收藏是一种生活，收藏也是一种智慧。收藏群体渐渐从个人爱好者扩展到了企业家，而大部分企业家真正懂收藏的人并不多，懂鉴赏技巧的更是少之又少。

收藏品之所以昂贵，除了独一无二，还有它的收藏价值，这主要有三个方面。

第一个方面是珍贵。正所谓物以稀为贵，比如名师的字画，千年难遇的珠宝，古代的官窑瓷器，等等。这些藏品，除去超群的工艺，珍贵也是其重要特质。它们有着那个时代的印记，任何时代的遗产都是不可能被复制的。藏品的不可复制性，造就了它的珍贵。

第二个方面是稀有。藏品值得被收藏，是因为它们非常稀有，比如齐白石的画作。因为已经没有画家可以画出与原作一模一样感觉、风格的画，所以这样的藏品就变得极其稀有。在收藏市场中如果供小于求，收藏价值便上涨。比如红色收藏，人民币和钱币的收藏，这些收藏品都是记忆某个时代或者某个时代的重要事情。

第三个方面是奇特。奇特的收藏品可以造就另外一种价值连城。比如怪石的收藏，石头通过数百年数千年大自然的风化、地貌地壳的转移，外形有了完全不同的状态。这些石头正因为具备了奇特的特质，于是也能够被拍出高价格。

想要判断一件藏品是否具备高价格，必须具备三大要点：珍贵、稀有和奇特。正是依据这三大要点，各位收藏专家也总结出了更为详细的注意事项。

图 7-1　高价值藏品的三个方面

一、收藏名作要做好长期持有的准备

有很多名作被企业家所推崇和追求，对他们来说价值千万的藏品已是家常便饭。这些藏品和股票、房地产不一样。藏品的价值高低是综合因素共同作用的结果。不仅如此，还需要考虑到藏品所需要的保管、维护、保险和专业运输费用等。当你收藏了一件价值上千万甚至上亿的作品，那就需要做好长期持有的准备。

二、作品的保存是个难题

现在越来越多的当代艺术作品，会使用挑战性和实验性的新型材料进行创作，巨型的装置作品也成了收藏界的巨大挑战。比如西雅图艺术家戴尔·奇胡利巨大的"大白鲸"（Moby Dicks）作品安装，易损的材料令收藏者们在购买的同时也在考虑如何保存和收藏。高价作品如何被妥善保存，成为必须要深思的问题。

三、作品的价值和升值空间不明确

画作的收藏与拍卖有很多幕后情况，比如你在画廊中精心挑选了一个热门艺术家的作品，但是这个画家并没有什么背景，只是刚刚完成了他的新作，那么其价值远不会如你想的高。如果仅是出于个人爱好，那便不影响什么。但如果是以投资的角度收藏，出手后可能会让投资者亏钱。

在企业家收藏投资上，获利的最好办法就是掌握收藏知识。企业家要不断地扩充收藏知识，丰富收藏经验，才能将企业家的简单爱好变成真正的收藏雅趣。

网络学习的利与弊

虽然收藏品鉴赏知识的学习之路注定是漫长的，但并不意味着这是一项无法完成的任务，尤其是我们身处这个信息爆炸的互联网时代，获取知识的途径也逐渐趋于多样化、碎片化。如何通过网络获取充分的收藏鉴赏知识，是每一位关注收藏的企业家必须掌握的技能。

传统意义而言，互联网用户获取信息的主要途径为搜索引擎、门户网站、网络站点、社区论坛以及社交软件等。从互联网初步普及时期的天涯论坛，到以 80 后为主要用户群体的贴吧与微博，人们既可以通过各类专业网站查询特定领域知识，也可以与爱好相同的网友进行交流讨论，从而丰富知识面。

但随着互联网技术的发展与网民数量的日益庞大，传统的网络渠道也相应地产生了种种弊端。一方面，网络信息的泛滥，导致了优质内容的严重短缺；另一方面，在用户流量的巨大诱惑下，许多专业内容的生产者开始以"共享"的名义在相关内容素材中掺杂私货，从而起到诱导的作用。

虽然利用便捷的网络渠道学习收藏鉴赏知识具有种种优点，但还需要我们从整体上有所规划。首先，确立收藏的核心目的是投资增值还是艺术欣赏；其次，寻找适合自身的收藏领域，是古卷字画、陶瓷器皿，还是玉石雕饰；最后，绘制出系统的学习路径，从藏品特征、品类分布、真伪辨别等微观技巧，到收藏文化、市场行情等宏观形势，都要研究，才能最大程度地利用好发达的互联网资源，将碎片化的收藏知识予以整合，从而为己所用。

冰冻三尺，非一日之寒。收藏品鉴别能力的提升也是一段长期的过程。但当学习与实践到达了量变与质变的转化，无疑会为我们的收藏之路带来巨大的收益。

迎合自媒体时代

21 世纪是网络信息时代，伴随着社会经济的发展和进步，各行各业的经济状态和产业结构业已形成。人们在日常生活、学习和娱乐中，都离不开互联网，互联网已经融入了我们生活中的方方面面。自媒体便是产生于互联网语境下的一种存在。

什么是自媒体呢？自媒体指私人化、平民化、自主化的传播者，以现代化、电子化的手段，向读者进行规范性和非规范性的信息传递。人人都可以成为记录人，都可以成为新闻传播者。这些信息的媒介都具备交互性和自主性。自媒体开阔了大众的视野，培养了公民的社会参与意识，是促使社会前进的必由之路。

这种深刻的变革，也对收藏界产生了非常重要的影响。

第七章

提升自己的辨别能力和知识素养

比如在一个小小的自媒体平台，所传播的信息和价值观可能会在不经意间影响到收藏爱好者。

在自媒体时代下如何进行收藏，就成为值得我们探讨深思的问题。先拿微信公众平台来举例。

任何商家个人和都可以通过微信公众平台，以文字、图片、语音和视频的方式，与他人进行全方位的沟通与交流，形成了一种线上和线下互动营销的方式。当这种新型传播模式与传统的收藏行业结合之时，就会带来巨大的商业利益。

优势一：收藏知识的传播

通过微信平台，分享收藏新闻和收藏知识，让非专业人士更好地了解藏品的价值、保养、鉴别，等等。比起之前总是要依靠很小的同行圈子才可以了解，现在只需要一部手机，点开相应的微信公众号，相对系统的信息便映入眼帘。不仅如此，还可以通过视频或语音与收藏大师对话交流，让他们手把手教我们如何鉴别藏品。

优势二：进行线上的藏品交流

通过这种渠道，把各行各业的收藏爱好者连接了起来。他们可以通过这个平台交流经验，进而提升收藏见解。

优势三：形成了线上收藏博物馆

通过微信公众平台的宣传和交流，我们可以看到世界各地的珍贵藏品，之前只能去博物院见到的藏品，现在都仿佛近在眼前。让我们发现，收藏不只是收藏大家的爱好，普通老百姓也能参与，也可以玩转收藏。

优势四：真正改变价值观

通过微信公众平台的传播，不仅影响了藏友对收藏的理解，还改变了普通人的收藏价值观。让普通人爱上收藏文化，让收藏真正成为一种社会习惯。

收藏类 APP

还有很多收藏类的 APP，这些 APP 是收藏行业的新探索。

艺术品收藏需要的知识太多，通过信息产业的融合，单一的收藏格局被彻底打破。通过 APP 的建立和综合，将中国很多收藏爱好者连接在了一起，通过这种线上和线下的连接方式，进行公平的交易和交流。

第一大优势：大师触手可及

之前的收藏市场分为一级市场和二级市场，一级市场是画廊、艺术品博览，二级市场是拍卖行。到现在，又多了 APP 这一无缝连接各层次藏品交易的平台。APP 背后聚集的民间艺术家们，通过 APP 平台连接了起来，实现了宣传和产品拍卖。而那些曾经根本没有办法接触到的收藏界

大师，如今似乎触手可及。

第二大优势：产业链上的利益博弈

APP 与电商平台的结合，更加拓展了收藏品的交易产业链。互联网交易模式迭代为移动端交易模式，使得收藏者和相关从业者更方便、更快捷。

|第八章| 收藏者的四大生存法则

利益法则是生存法则的动力

收藏家也好，企业家也罢，为何钟情于收藏？是因为收藏是一种文化传承。一个优秀的企业最为重要的一点就是文化，只有重视文化的企业才能生生不息。企业家收藏艺术品，就是传统文化的传承。新时代下，收藏者应遵循四个法则：第一是利益法则，第二是文化法则，第三是诚信法则，第四是法律法则。

关于文化法则、诚信法则、法律法则，后文将详细阐述。此处先简单介绍下利益法则。

比起投资房地产等不动产来说，艺术品的折旧费较低。收藏家花真金白银购买艺术品的背后，是投资嗅觉的"指引"。他们将艺术品收藏变成了企业的投资行为，为收藏

业带来了新的财富道路。

合理的优惠政策

收藏家收藏艺术品可以合理享受优惠政策。流落于国外的珍贵文化精品，被他们高价买入和收藏时，收藏者可以得到国家优惠政策的支持。

企业资产增值

根据国家法律的有关规定，企业家收藏的艺术品属于企业家的固定资产。除了房地产投资、金银投资、股票，收藏成了一种最快的变现投资方式，在无形中实现企业资产增值的目的。

文化法则是收藏法则的核心

收藏的核心法则是文化法则。为什么文化法则在收藏中如此重要？有三个原因：一是艺术品收藏与艺术文化息息相关；二是艺术品收藏有助于建立企业文化；三是有助于唤醒身边人的收藏意识，有助于传承优秀传统文化。

文化法则意义之一

艺术品收藏既是艺术文化的构成部分，也是视觉文化、文化统一的组成部分，还是文化史的重要组成部分。艺术品的收藏历史，几乎与艺术的发展历史一样悠久。世界各地的原始遗存中，都发现了为数众多的雕塑和工艺品，它们被保存在原始文化仪式的场合中。当人类进入文明社会后，相比于奴隶社会和封建社会，上层统治者收藏的艺术品在数量上和质量上都有了较大提升。这些艺术品在制作

过程中都留下了时代文化的烙印，而且与当下的文化息息相关，不可分割。

通过艺术品的收藏、展示和研究，我们能够感受到中华民族的历史足迹和文化风韵，把握历史脉络。收藏具有代表性的优秀作品，把握作品的文化价值，有利于提升收藏家的审美意识和文化底蕴。

文化法则意义之二

企业文化是一个组织具备了价值观、信念、处事方式之后形成的特有文化形象。从广义上来说，企业文化是人类在社会历史实践过程中创造的物质财富和精神财富的总和。从狭义上来说，企业文化是社会的意识形态与之相适应的组织机构与制度。

文化法则意义之三

收藏主体为艺术品。每一位喜欢中国古代艺术品收藏的人，都有着很深的民族情结。每一件藏品都传承着中华文化和古老的手工艺。艺术品的收藏都是文化先行。艺术品有其自身的文化内涵和历史内涵。

诚信法则是收藏法则的根基

五千年文化传承里，世世代代以信义为本，以信义为根，以信义为基。信义被隐藏在商业博弈中，被隐藏在普通生活中，同样也被隐藏在收藏文化中。价值连城的艺术品，如果没有信用、信誉、诚信作为基石，又如何值得收藏？

收藏与诚信是分不开的，想要保证收藏行业健康有序发展，就离不开诚信的力量。收藏行业乱象多，收藏家常常花重金购入藏品，却只买到了赝品，因此很多人对收藏都抱着谨慎态度。购买艺术品是一项投资，到最后却造成财富缩水，其根源是因为信任机制的缺失。

如何建立诚信？有三点需要提升。

第一，提升政府对收藏业的监管力度。中国目前的收藏行业乱象纷纷，如假货充斥收藏市场，真货反倒无人

问津，其原因之一便在于政府对于收藏行业的监管力度不够。收藏艺术品也是一种文化传承的行为，如果文化传承的全是假货，那未来还会有谁愿意保护和建设文化软实力？因此加强政府的监管力度是重中之重。

第二，提升企业家自身的鉴别能力。企业家可能知道如何管理团队，如何拿下销售任务，如何进行收购，但是并不一定具备专业的收藏知识。所谓外行看热闹，内行看门道。缺乏专业知识，就很难鉴别藏品的真假，收藏也就成了纸上谈兵。因此，提升企业家的鉴别能力至关重要。

第三，提升专家的品质素养。在收藏行业，专家团队起着不可忽视的作用。有些企业家们属于门外汉，他们想要进行艺术品收藏，就需要仰仗这些专家的支持。如果专家们道德品质不高，缺乏诚信意识，甚至沦为被金钱驱使的奴隶，那后果将不堪设想，企业家们的高额资金投入也会被打水漂。所以，建立收藏行业的诚信制度，提升专家的品质和素养，势在必行。

每个时代、每个行业都有着属于它们的生存法则。对收藏界而言，收藏家们想要通过收藏品打开个人、社会一箭双雕的格局，就要建立和遵循信任法则。只有这样，他们才能在收藏这条路上更臻成熟。诚然，科学技术的发展和收藏需求的增加，都赋予了收藏市场前所未有的活力，但目前国内的收藏市场离机制的完善与健全还有很长的一段路要走，投机与欺诈行为仍然活跃。

投资层面的收藏品交易，与股票、债券、黄金和房地产交易有着本质的不同。由于收藏品独特的艺术性与专业性，其在定价和鉴定上存在着较大的浮动。我们可以较为轻松地确定一处房产、一只股票或一克黄金的市场价格，但却很难为一幅字画定价。而造假技术的提高，更是加剧了收藏品的鉴定难度，成为收藏品投资者的困扰，成为收藏品市场乱象丛生的一大根源。

收藏市场上还有一种常见的现象，叫作"假拍"。所谓"假拍"，指的是收藏品委托人与拍卖行在拍卖中联手，故意将身价较低的收藏品以虚高的价格成交，从而营造虚假的市场行情，诱导毫不知情的收藏者高价买入。一旦收藏者买入了这些假拍藏品，便很难维护自身的合法权益。

收藏市场上的假拍，是不良拍卖商利用规则漏洞所进

行的投机行为；而同样盛行的"拍假"，则是不良拍卖商对相关法律条文的藐视。

《中华人民共和国拍卖法》对于拍卖交易中的藏品真伪问题有着如下规定：当拍卖行在拍卖前事先申明无法保证拍卖品的瑕疵和真伪时，便无需对拍品的真伪承担法律责任。

在巨大利润的诱惑下，拍卖行们纷纷开始了知假拍假的无良行为，而众多遭遇"拍假"蒙受损失的收藏爱好者却只能在法律的漏洞面前束手无策。

高端拍卖市场尚且为真假难辨的赝品所累，中低端收藏市场的造假现状更是无从估量。回顾近年来收藏市场屡次遭到曝光的"假拍"与"拍假"事件，问题的核心在于个人诚信的缺失和法律法规的不健全，让不法分子有了可乘之机。随着收藏市场影响力的逐渐增升，我们期待着有关部门加大对造假、售假现象的打击力度，还收藏市场一片澄澈的蓝天。

法律法则是收藏法则的底线

收藏家学习专业收藏知识和鉴宝知识的同时，还需要考虑学习相关法律知识，以确保每件藏品都是合法所得。收藏的底线，是不能触犯法律。但目前收藏市场上依然存在着这样那样的问题，如非法出售濒危野生动物及相关非法制品。

人类文明的进程中，收藏品越来越多样。从最基本的山水画作、精致瓷器，到象牙、犀牛角、藏羚羊角、蟒蛇皮等珍贵的濒危野生动物制品，都有收藏。可是有些收藏行为会涉嫌犯罪，例如在中国，每套象牙制品都需要国家林业局和国家工商行政管理总局的批准才可以进行售卖和收藏，还需要获取《象牙制品收藏证》。现代工业化、城市化进程不断加快，野生动物更加珍贵，但为了寻求暴利，依

然有人故意去杀死很多濒临灭绝的野生动物，以谋求不法利益。

在我国进行收藏行为，必须要遵守我国的相关法律法规。无论什么类型的收藏，在收藏内容和来源上，都不能逾越法律这条准绳。

互联网收藏变局

开启收藏与投资的秘密

第五部分
信息时代下的收藏业

　　信息时代里，生活中的各个领域似乎都在发生着改变，传统的模式跟不上时代的步伐。快速发展的互联网讲究的是高效率、新颖、创新，所以收藏者的思维模式也要不断的变化和更新。互联网具有快、稳、准、狠的特点，如何把收藏品和互联网有效的结合起来，似乎是一个大的命题。信息时代带来的是收藏新机遇。

|第九章| 收藏业的发展趋势

"互联网+"时代，引爆收藏产业

当今，在这个信息解除闭塞、流通更加顺畅的时代，收藏被赋予了新的定义、新的理念和新的内涵。这是个互联的时代，人联网、物联网、网联网，人们的吃穿住用行通过一张看不见的网被连接了起来，因此收藏也变得相比之前容易多了，玩收藏不再需要我们学富五车、不再需要我们熬成白头老翁才能判断藏品的年代、用途、收藏价值、使用阶段、未来升值空间等指标。

如今的收藏知识获取渠道变得相对简单，我们可以在互联网上连接全世界范围内的图书馆寻找文献资料，可以搜索所有的博物馆来鉴赏藏品。互联网+时代的到来是否能将收藏推向另一个风口，我们不得而知，但是可以确定的是，收藏不再是人们不可触碰的领域，而是会渐渐普及到大众之中。

　　在现代社会，收藏已成为人们重要的投资方式。在经济日渐繁荣的今天，收藏已不再是文人雅士的专利，而逐渐成为人们物质生活和精神生活的一部分。近年来，收藏市场的兴起，折射出了我国社会经济发展的全貌。

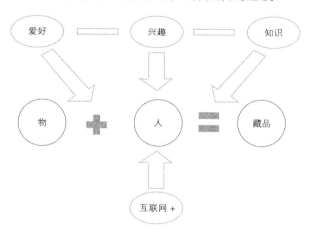

图 9-1　互联网 + 下的收藏

　　自 2014 年起，我国经济增长速度全面放缓，经济上行压力显著增大，种种经济发展问题随之浮出水面——钢铁、煤炭、

化工等传统行业产能过剩现象严重；不断上升的生产成本让广大中小企业难以为继；股票债券市场的暴跌加剧了金融市场的风险与隐患；通货膨胀的速度逐渐增长……无处安放的资本开始流向新兴收藏市场，在萧瑟环境中为收藏市场注入了新鲜血液。

除了金融资本的大量涌入，新兴中产阶级的崛起也增强了收藏市场的发展动力。2015年，中国的城市化步伐取得了可喜进展，城市人口占总人口比重超过了51%，城市中产阶级的概念也随之变得更为清晰。2016年，中产阶级的人口占比达到了11%，所持财富占全国总财富的32%。

与改革开放浪潮中攫取大量财富的传统企业家不同，出生于20世纪80年代的新兴中产阶级具备较高的教育水平与文化素养，对精神层面的需求也随着财富的积累不断上升，藏有投资价值与艺术价值较高的收藏品无疑是他们的最佳选择之一。

第九章

收藏业的发展趋势

互联网平台的悄然兴起

随着新时代移动互联网浪潮的崛起，传统的收藏品线下交易场景得到了升级。收藏类互联网电子商务平台如雨后春笋般涌现，收藏知识也在日益发达的网络平台中得以传播与普及。展现在我们眼前的是一幅美好的蓝图：广大收藏爱好者可以通过互联网平台学习收藏知识，结交来自五湖四海的藏友，并足不出户网购收藏品。

促进收藏市场兴起的动力之一，无疑是互联网的蓬勃发展，其透明交易过程、海量信息资料、社群互动便捷与大数据算法等特点，与收藏市场的发展目标有着近乎完美的匹配。

具体而言，收藏市场的互联网应用主要分为三个板块：第一是拍卖网络商城的建设，收藏者可以随时随地利用网

络查询收藏品真伪、拍卖商资质、价格行情等信息；第二是收藏社区的运营，拍卖商可以将线上社交媒体、网络社区，与线下收藏展览、沙龙或讲座等相结合，为潜在客户提供良性的社群服务，从而增加客户黏性；第三是大数据库的完善与监督，其中既包括国内外海量收藏品信息资料的实时共享，也包括收藏品鉴定、拍卖商征信等级、历史交易记录等在传统收藏品拍卖过程中难以实现的消费者权益保护问题。

不仅如此，伴随着科技的发展和一些高新技术的发明，收藏的形式和意义也渐渐地被改变。互联网＋收藏平台，为我们打开了新的思考模式和收藏模式。互联网改变了传统模式，将收藏带到了网络大格局中，甚至成立了数据化的博物馆，我们可以足不出户，在网络上搜索到自己喜欢的藏品。这便是互联网＋收藏的新格局。

2005 年 11 月 15 日，在中国嘉德秋季拍卖钱币市场，伴随着锤击的声音，5000 件不同朝代的钱币集体华丽出场，带着穿越年代的古韵和气质，等待着买家的青睐。据相关消息了解，这些钱币全都不同的收藏者，再经过一个交易网站进行汇聚，然后被整体拍卖。拍卖当晚，吸引了很多收藏家的关注，出价有几万、几百万不等。这些拍卖品纷纷进入了收藏者的手里。这次拍卖即是拍卖公司与线上网络平台进行的首次公开合作。

那么，面对新趋势，相比于传统的收藏模式，互联网＋收藏有哪些优势呢？

优势一：选择性扩容

针对互联网的新趋势，有一位化名为田野的藏友曾说，之前他也有独立的收藏圈子，看到自己感兴趣的藏品就在这个圈子里相互交流沟通。但是之前的人脉都来自收藏类实体店，大多碰面只是萍水相逢。而且在实体店里，由于实力和财力的悬殊，选择性非常少。可是在互联网这个平台，他们不需要见面就可以找到志同道合的藏友，每个人的关注范围都增加了，整体的选择性也变强了，交易额自然而然也就增多了。

优势二：快速支付

在传统收藏模式中，如果我们想要入手一件藏品，可能需要携带大量现金，是极其不安全的。互联网平台的崛起，

打开了新型的支付渠道，网络支付或移动支付促使流通变得更加简单方便，也极大地降低了交易风险。

优势三：知识普及

互联网平台的发展，使我们进行收藏知识普及时变得更加简单易行。在传统收藏领域，我们学习到的收藏知识非常有限，与此同时，由于收藏行业的特殊性，知识传播方式也非常有限，想要更好地学习收藏，必须由专人传授和教导才可以。可是在传统的古玩店，又因为实力和格局的参差不一，很多人并不能直接接触到专家或泰斗，大多时候只是藏友之间的相互分享。现在有了互联网就不一样了，它可以通过强大的技术，搜索和发布大量学习资源。那些不懂专业知识的收藏爱好者，专业知识不断地得到提升，更有助于收藏行业的发展。

优势四：掀起全民收藏热潮

互联网平台，不仅打开了收藏的另一个营销渠道，同时也将收藏从个人收藏、富人收藏转变为全民收藏，可以增强大众的收藏意识，帮助更多的人热爱收藏和学习收藏知识，掀起全民收藏热潮。

优势五：数字博物馆

通过互联网平台，我们可以最快速地连接很多的电子数据信息，比如世界各大博物馆收藏资料和样品信息，国内博物馆的最新研究成果，藏品的鉴定方法，藏品的历史，等等。这些都是传统收藏方式所不及的。

其实在国外，如亚马逊、易贝这些网络平台，都曾做过收藏交易，但是目前国内同类网站还不多。无疑，未来的互联网＋收藏在技术上、技能上和服务上还需要更多提升。

但是网络技术的便捷与发达也给了收藏投机、诈骗与制假分子新的机会，利用互联网技术产生的收藏骗局屡见不鲜。新科技下，赝品也愈来愈能以假乱真、扰乱市场，网络上种类繁多的收藏资讯也隐藏着诱导消费的陷阱。

图 9-2　新模式下收藏带来的优势

收藏业发展趋势

目前来看，收藏业的发展呈现出了几个特别的趋势：

第一，收藏网站丰富。

在收藏类网站上，我们可以看到很多收藏品信息，其服务也非常周到，吸引了很多收藏家和民间收藏爱好者。他们可以第一时间掌握最新、最准确的收藏知识，以及交易信息，了解更多收藏动态，增强专业能力。

第二，收藏行业规范化发展。

随着时代的发展，收藏行业渐渐变得规范化，市场秩序也越来越完善，这就给收藏行业的发展带来了健康良好的外部条件。中国收藏领域还有着一些定位不同的专业机构，如拍卖行、古玩市场、博物馆、收藏家协会等。这些结构各自发挥着不同的作用，通过优势互补为收藏行业出力。

第三，收藏队伍成熟发展。

近年来，收藏队伍不断壮大，尤其是企业家的加入，扩展了收藏者范围。更多专业收藏家的加入，让收藏品的价值彰显得更为清晰。而互联网平台，更增加了民间收藏和草根收藏的范畴。普通的老百姓也渐渐开始关注收藏市场，收藏热情被一点点地点燃。还有一些收藏家开始进行学术讨论、书籍出版，等等。随着时代的发展，收藏行业的队伍将越来越成熟。

第四，收藏文化的传承。

从某种角度来说，这些收藏者一定程度上促进了中国文化遗产的保护，弘扬了中华民族精神文化，吸引了来自海内外的专家学者，增进了多文化交流。

第五，未来中国经济新的增长点。

收藏有三种不同的方式：第一是国家收藏，第二是民间收藏，第三是个人收藏。国家是收藏的主力军，民间收藏和个人收藏是中国经济新的增长点。很多个人收藏家开始积极学习，参与收藏品拍卖，越来越多地为收藏界带来商机。

    当然，收藏行业的不断发展也带来了很多的问题，遭遇到了瓶颈。我们应客观看待利益与问题，并及时调整前进步伐。

收藏领域遇到的问题

当下，中国收藏行业发展迅速，但有些艺术品交易却呈现出了低迷走势。收藏行业发展的同时也有弊病。以下将详细分析收藏领域的问题。

一、交易出现低迷

拍卖市场是收藏市场的晴雨表。相关数据显示，从2013年开始，中国的收藏品拍卖成交价值一直在不断调整，2013年为576.24亿元，2014年只有280.9亿元，2015年有所提升，达到了307.6亿元。

相关数据显示，在对北京艺术区的调研中，有许多画廊都反映很长时间卖不出一幅画。不仅如此，拍卖行业也透露，北京160家艺术品拍卖公司有三分之一的拍卖公司放弃了很多业务，就北方市场来看，艺术品市场交易额也

没有出现新的增长。

二、艺术品金融活跃

一些非传统的收藏形式出现了，比如，以邮币卡电子盘交易的业务在全国普及很快。但是，有些以邮币卡为业务的交易形式存有风险，相关监管部门和收藏家均应做好风险控制和准备。

三、电商投资热潮泛起

随着电商的兴起和发展，越来越多的艺术品进入了电商领域。据相关统计，在北京开展的线上交易就有很多，比如线上拍卖、线上鉴定，等等。但是这些电商效益并不乐观，前景并不明朗，很多商家难以达到预期收益。

四、艺术与商业结合

建立艺术商业园区，如北京798艺术区、南锣鼓巷文创区、琉璃厂、高碑店、宋庄等，有的热闹，有的冷清。这一定程度地说明，艺术与商业的结合还需调整和优化。目前这些企业和商业的发展也都属于创新类型，没有太多经验可供相关行业借鉴，所以在管理上、政策制定上还有不少的漏洞和瓶颈。

五、诚信问题

互联网和大数据的发展造就了收藏业新模式，也造成了诚信机制问题，导致很多人不相信线上藏品的真实性。

六、定价机制问题

中国的收藏市场有一个很大的问题，就是定价机制问题，定价并不能准确反映藏品本身的价值。有些不良做法是通过市场推广，将藏品的估值推向虚高。

收藏业的新思路

针对这些瓶颈和问题，可对收藏行业进行不同探讨，并对收藏商业模式产生更多新思路。

3D 收藏博物馆

科技的不断发展和成熟，让收藏领域的工作也不断得到深入，进而催生出了数字化博物馆。这些博物馆揭开了很多文物的神秘面纱，如采用 3D 模式建立三维空间和照片缝合技术，对藏品进行 3D 式呈现。这些 3D 技术可将被损毁的藏品进行图像还原，以及全方位数字化的记录和呈现。这种交互手段，更直观形象地展示出了中国悠久的历史文化。与此同时，这些设备还可以避免在扫描过程中对文物的破坏。

第九章

收藏业的发展趋势

企业家收藏兴起

在收藏市场，经济实力不可或缺，使得收藏主体由个人逐渐转扩展至企业家。企业家对收藏品的投资，很大程度上推动了国内收藏市场的发展，使得收藏变成了一种新投资行为。

顾问 + 企业家收藏模式

据《中国机构收藏调查报告》显示，企业家成了收藏市场的中坚力量。随着企业发展和收藏行为的增多，越来越多的企业家开始思考和学习收藏类专业知识。根据目前的趋势，收藏行业将会发展出顾问 + 企业家的模式。

与相关行业相互促进

收藏行业的发展，促进了周边行业的发展。比如，对于很多名贵藏品而言，保管显得尤为重要。据相关统计，80%的收藏爱好者和企业家都购买了保险柜。很多藏品价值很高，为了防止被破坏和盗取，收藏者都会购买质量好、防盗窃能力强的保险柜。如对于名画和邮票等易燃材质的收藏品，可以选择防火性能好的保险柜。收藏行业的发展，直接促进了保险柜的销售量，而保险柜行业的发展也加大了对收藏品的保护。

我们生活在互联网和大数据的时代，思维模式难免会有所转变。想要获得盈利，就需要探索新的模式，尤其是在收藏行业，大数据的出现促进了行业的发展。

我们都知道，收藏市场有一级市场和二级市场，但是随着大数据的发展，这两种市场正在慢慢融合。私人收藏馆越来越多，信息化收藏品也越来越多。在互联网的背景下，新的机遇已经到来。不管是拍卖还是收藏，大数据让收藏行业变得更加透明和专业。

在未来，结合人工智能的推出和发展，可以将人工智能和收藏相结合，进行大数据的采集和融合，通过科学技术来鉴别藏品。科技的进步为收藏行业提供了新的可能和盈利方式。

当然，无限膨胀的数据既决定着企业的未来，也给企业的发展带来了隐患。在大数据给我们带来更多利益的同时，要特别注意信息的安全保护。

|第十章| 打造收藏生态圈

收藏品鉴定技术与平台

因收藏品具有一定的艺术性与专业性，鉴伪难度较大，但对比发展更加成熟的海外收藏市场与蓬勃发展的互联网技术，目前的收藏市场要实现规范治理，也绝非我们想象般困难。

在收藏品鉴证技术的日趋成熟下，利用微观结构定位膜、微观图像取证验证仪、DNA 数据提取等手段，对收藏品的材料、材质、画面进行鉴定，并辅以收藏品鉴定专家的人工检验，从而更好地判断藏品真伪。检验合格的收藏品便会通过电子存档建立独一无二的"身份证"，以便在流转交易中保障购买者的合法权益。

针对收藏品科学备案技术系统，官方和民间都已开始

了新的尝试。近年来，中国艺术研究院与文化系统、公安司法系统共同开展了艺术品取证验证仪，经过 10 个版本的改进与更新，取得了突破性的进展，于 2015 年 7 月正式推出了涉及 5 项专利的第一代艺术品鉴定仪"艺管锁"，为中国收藏品鉴证与管理系统掀开了新的篇章。

几乎同时上线的雅昌艺术品鉴定中心，则是一个综合了收藏者交流社区、收藏拍卖展览信息、收藏品数据库等服务的网站，并于 2015 年推出了"中国艺术品鉴证备案"服务。据网站负责人介绍，该项服务包括作品作者本人眼学鉴定、高清图像采集、作品 DNA 数据提取及数据储存备案，共计四个部分，同时签约了杨之光、何家英、彭先诚等三百余位画家进行协助鉴定。

对数量庞大的收藏品进行系统性的鉴定备案，无疑是一项消耗巨大资源的任务，但从中获取的利润却寥寥无几。因此，无论是对于政府还是民间机构，建立完善的收藏鉴定系统都是一笔极其庞大的开支与负担。而对于类似雅昌艺术品鉴定中心的民间收藏机构，除了资金投入的压力外，如何保障收藏鉴定的公信力也同样是一个艰巨的考验。

打造收藏生态圈

关于民间收藏品鉴定公信力的问题，近年来在互联网市场蓬勃发展的征信行业也许恰好是收藏品市场未来发展的另一剂解药。截至 2017 年，包括互联网金融巨头阿里、腾讯等在内的 132 家企业征信机构在市场上同台竞逐，不同的征信机构下采用的是几乎相同的核心经营模式：通过大数据算法，将那些散落在互联网各个角落的信用信息加以采集、分析，并通过在线平台为用户提供免费的征信查询服务。一旦群雄争霸的征信市场趋于平息，征信数据算法趋于完善，将收藏品鉴定备案与收藏机构征信平台相结合，无疑能对当下混乱的收藏市场加以全面的监督与约束。

我们不妨做一个大胆的设想：也许在今后的某一天，所有拍卖市场上的收藏品，都可以通过互联网随时随地查询其详细信息，如真伪鉴定、历史价格与交易渠道，甚至是拍卖商的信用信息等。收藏者在互联网上查询资料、了解信息、交流心得、拍卖交易，不必再担心遭遇"假拍"或"拍假"的局面。

收藏技术的浪潮纷繁迭起，与此同时，还应加强相关法律的完善与健全。2017 年 2 月，国家文物局正式发布了

《国家文物事业发展"十三五"规划》，提出了"鼓励民间合法收藏文物，提升社会文物管理服务水平"的发展目标。收藏投机并不能真正促进收藏市场的繁荣，只有当市场上的每一名普通藏家都能安心地投资收藏，收藏行业才会迎来良性而长久的进步。

海外淘宝渐流行

近年来，国内收藏品的价格呈上涨趋势，与此同时，国外收藏品则更有吸引力。当代收藏圈慢慢形成了一种趋势：越来越多有着自主收藏理念的收藏家，开始热衷于海外市场。

这一趋势的产生有着多种多样的原因。较多收藏家比普通人有着更多出国考察和学习的机会，也拥有更多进入世界级拍卖会和接触国外收藏品的机会，以及接触博物馆级别藏品的机会。这些机会不仅拓宽了他们的视野，提高了他们的鉴赏能力，更让他们有了投资的机会。对于国外收藏家而言，一方面近些年来中国收藏品价格一直上涨，他们愿意趁价格高时将自己多年的藏品卖个好价钱；另一方面，国外年轻一代正在形成自己的收藏理念，很多人的兴

趣和爱好早已改变，对于中国收藏品不再像老一辈收藏家那样热衷。以尤伦斯夫妇为代表的西方藏家相继清空手上的中国当代艺术品，就是一个很好的例子。

国内收藏家、收藏类经纪人和投资人纷纷前往海外淘宝，购买国外的中国收藏品成为一种新的时尚。根据苏富比成交额显示，中国大陆买家于 2005 年开始大规模参与购买收藏品，就落槌的百分比而言，比重约为 5%，到 2011 年已增加到 40%。这些收藏家们不惜重金，通过各种渠道回购流失海外的中国收藏品，使得相关藏品价格飙涨。

例如，2008 年 6 月法国图卢兹拍卖会上一枚清康熙皇帝玉玺，最终以人民币 5000 多万元成交；2010 年 11 月英国班步瑞奇拍卖行，一件估价 80 万英镑至 120 万英镑的清乾隆粉彩镂空瓷瓶，最终以 5.5 亿元成交；2011 年 3 月 22 日，在纽约苏富比"戴润斋清宫瓷器工艺品珍藏"专拍中，一件民国时期的蓝釉描金印花粉彩开光壶，原本估价 800 万美元至 1200 万美元，经过多位中国买家的激烈竞投，最终以 1800 万美元高价成交，创造了民国瓷器全球最高拍卖纪录。

第十章

打造收藏生态圈

到海外淘宝的购买者，一小部分是真正的收藏爱好者，绝大部分是介入收藏投资的企业家。企业家们利用这种新兴收藏运作模式，使自己的资产成倍增值。如百丽国际前执行董事于明芳，近年来便多次大手笔参与入手海外收藏品。据悉，他收藏品数量已有一百多件。

另外，比起国内市场来，国外的收藏市场和拍卖市场还有一个明显的优势：国外普通藏家对中国收藏品的真伪和价格定位不甚了解，拍卖的时候难免定出出乎意料的低价，这也给中国藏家提供了"捡漏"的机会。中国藏家到国外"捡漏"主要有两种途径：

第一，自己亲自出境搜寻，买好后再带回国。目前，中国藏家若想在国外寻找"捡漏"的机会，最好不要去伦敦、纽约的苏富比、佳士得等顶级艺术品拍卖行。现在，出国竞买收藏品的人越来越多，国外拍卖行的中国收藏家也越来越多，"捡漏"的机会也就逐渐减少。最初中国藏家大多是去一些大的拍卖行，后来逐渐扩展到法国、德国、日本等国家，现在又将目光转向一些非英语国家、英美中小城市和小拍卖行。在国外，老人过世后，子女可将老人生前

收藏品委托拍卖行进行拍卖，子女们不一定具备收藏品的鉴赏能力。欧美国家就有很多小拍卖行是专做遗产拍卖的，但这些小拍卖行也常常不具备中国收藏品的鉴定和评估知识，因此在遗产拍卖中，经常会出现一些特殊情况，给中国藏家提供了"捡漏"的机会。比如，2012 年南京嘉德秋拍会以4830 万元成交的一把"清乾隆御制金桃皮鞘"天字十七号"宝腾"腰刀，在当年德国慕尼黑的一家拍卖行的小型拍卖会上估价仅为 6000 欧元，成交价仅为 13 万欧元。

第二，通过国外收藏品买卖平台进行竞拍。买方在国内，通过拍卖行发来的高清图、细节图选择拍品，然后再通过电话委托或者直接在网站上竞拍。平台可使买家足不出户就能淘遍全球，节省了大量时间成本和差旅成本。而且现在摄影技术发达，高清的细节图与实物几乎无差别。收藏者到现场购买，容易受各种因素的干扰，从而分散注意力，从网上购买则可以静下心来慢慢琢磨。平台一般也都可以中英文语言切换，让人轻松体验网络竞拍。

海外收藏平台数量多、渠道广、藏品精，例如 2016 年

第十章

打造收藏生态圈

1 月由"联拍在线"举办的拍卖会就引起了中国收藏家的关注。奥地利拍卖行 Ars Coin Wien 举办的中国古钱币专场共有 236 件拍品，其中周朝、汉代的钱币最为引人注目。这些钱币铸工精湛、版别繁杂、质地精美、品相完美、存世较少。Ars Coin Wien 公司主营亚洲、非洲古钱币，尤其以经营中国、罗马、希腊拜占庭钱币为主，并且承诺出售的所有古钱币保真。对于国内收藏家来说，这无疑是一个绝佳的收藏机会。

收藏品消费陷阱

相信有网购经历的朋友都会在网购结束后，发现购物车里多出了几样既不划算也不迫切需要的商品，随即开始后悔购物的鲁莽，但这样的感受通常只会在下单结束冷静下来之后才会产生。在消费学领域，由于购物所产生的短期预约可以被归纳为获得效用与交易效用，我们在为获取某件未曾拥有的商品而感到愉悦的同时，也会在实际价格与参考价格的差价中获取消费动力。举一个简单的例子，如果你在某个藏品拍卖会下以远低于心理预期的价格买下了一幅中意的字画，那么你从中获得的快感一定要比高价买下时更为浓厚。而当消费场景转移至网络，商家便可以通过将参考价格虚假标高与伪造激烈竞争的形式，激发消费者的购买欲望，也就是说，你并不知道在一场网络拍卖中参与竞价的究竟是真人还是电脑操控的数据，但依旧会在"激烈"的竞争中提高自己的预期价位，并从中获取乐趣。这也正是互联网销售的常用技巧——通过设置诱导信息来引诱消费者逐渐偏离原本估价。

除此之外，情感调动与审美感知也是收藏品电子商务中非理性消费的影响因素。与债券、地产、黄金等投资类产品不同，收藏品天生具备着投资价值与艺术价值的双重特性，作为一名合格的企业家收藏者，避免非理性消费的根本前提，就是要将藏品的投资价值与艺术价值严格区分。换句话说，如果单从外表与感官审美的角度出发，一件近代仿制的瓷器可能要远比真正的古瓷更符合现代审美，但两者在实际价值上却有着天差地别。虽然这样的解释看起来有些多余，但在互联网交易平台上，精心编撰的文案介绍与经过美化的商品图片，加以一段或凄婉或传奇的藏品故事，很可能让经验不足的收藏者在不知不觉中走入感性误区，将消费重点从投资价值偏向艺术价值，最终造成冲动消费。

这也正是收藏类互联网电商的发展始终不尽如人意的

原因之一，对收藏品的鉴别是一件依赖于实体感官的工作，老道的收藏者可以通过藏品的质地、材料、触感甚至嗅觉，来评判藏品的年代与真伪。互联网所提供的单一图片及视频资料显然无法满足在鉴赏方面的需要，现阶段第三方鉴定机构的鱼龙混杂又大大降低了其可信程度，从而导致了电子商务平台实际成交量常年偏低的尴尬现象。

收藏品电商平台带来的冲动消费陷阱远不仅于此，比起真伪鉴定、投资价值、消费心理等影响消费的重要因素，更容易被忽视的问题往往隐藏在我们的惯性思维中。2013年11月，家电零售巨头国美旗下的"国之美"文化艺术品在线交易平台正式上线。在营业初期，由于其品牌效应的依托与相对较高的性价比，吸引了许多收藏者的关注。但许多习惯了网购的消费者在购买时忽略了该商城"不接受任何理由退换货申请"的退换货政策，不得不面对藏品质量与预期不符却无法退货的局面。即使是经营收藏品网络拍卖业务十余年的老牌电商"嘉德在线"，虽然做出了消费者在出具所购拍品为赝品的书面鉴定意见后予以全额退款的承诺，但在实际操作上也实属不畅。

　　总而言之，选择电子商务平台购买收藏品同样是件需要花费大量时间的消费行为，所承受的风险也要比线下交易更为巨大，要想从中获得愉悦、省时、高性价比的消费体验，需要注意以下四个方面：一、该平台是否具备合法备案的运营资质与良好的经营信誉；二、该平台是否对所售商品提供书面鉴定认证与售后保障服务；三、自身的购买需求是出于收藏投资还是艺术审美；四、所选商品线上与线下价格是否存在差异。只有对每一项购物流程都予以细致严谨的考量，时刻保持理性消费的心态，我们才能避免冲动消费带来的种种困境。

收藏品承运风险

得益于我国物流快递行业的高度发达，让我们在网购的同时享受着快捷服务，但承运收藏品却是件风险巨大的任务，任何一次意外的碰撞，都可能使价值连城的收藏品在转瞬之间化为乌有。因此，在收藏类电商市场，看中藏品着急下单的时候，千万不要忘记将承运保险问题纳入仔细考量的范围。

收藏品和其他事物有所不同，收藏者不仅是要了解它的故事背景、历史价值，更要懂得以最合理的方式将其妥善保管、运输。

藏品的性质、成分不同，相对的保存方法也就不同，所以说藏品的保护同样是门大学问。例如家中藏有老字画，绝不能随意将其置于风口处或阳光下，而是要放置在温度、湿度适宜并且空气流通的房间。平日里展阅时，需要戴上手套、口罩，以免偏碱性的汗液或唾液侵蚀老旧的纸张。若是藏品有所破损，千万不能自行处理，以免得不偿失，须交由专业人员进行修复。

据统计，在造成收藏品损毁的各种原因中，运输与装卸造成的损毁比例占到了四成，其余三成为运输过程中发生的盗窃行为，而每年在全球范围内因收藏品失窃造成的经济损失高达50亿美元以上。无论是对于收藏公司还是收藏者个人而言，收藏品在运输过程中的安全性都是至关重要的。

但国内现阶段的收藏品保险业务仍然欠缺，各大保险公司纷纷表现出望而却步的态势，其主要原因在于收藏品真伪鉴定的混乱与价值评估的困难。一方面，目前的收藏品鉴定领域缺乏完善的监管制度，难以保证鉴定结果的专业与权威；另一方面，收藏品的价值很大程度上取决于对藏品内在、主观的评价，很难通过劳动价值理论、生产价值理论、均衡价值理论等经济学价值判断依据进行判断，为保险公司的估值造成了严重困难。

另外，收藏品在物流领域的安全保障，也是电商商家与消费者需要考虑的问题。由于收藏品电商往往不具备独立的物流体系，在藏品的承运方面需要依托于第三方物流系统，因此在保险费用与安全保障上又难以兼顾。

截至 2017 年，国内各大物流公司中，顺丰物流与 EMS 是仅有的两家开展收藏品承运的物流公司。以顺丰物流为例，该公司为价格在 2 万到 30 万元之间的收藏品提供了特殊监控、专车派送与专业理赔的特安快递服务，虽然在物流安全保障与保险理赔方面有了显著的进步，但陶瓷、玉雕、木雕等不易妥善保管的收藏品仍然不在承保范围之内。

可以说，目前国内收藏品网络购物在运输与保险方面所能提供的保障性服务极其有限，如果收藏品电商与物流公司不能创新性地为收藏品定制独特的物流方案，最终仍然会成为制约收藏品电子商务发展的制约因素之一。目前对于普通收藏玩家而言，通过电子商务平台购买藏品还需要谨慎，防止所购藏品在运输过程中产生意外。

打造收藏生态圈

互联网收藏平台改变了原有行业的模式，将全新的互联网思维与收藏品传统行业运作方式相融合，打破了收藏品宣传、展示、拍卖的线下单一渠道。线上线下相结合，能够更好地传播收藏品知识、展示收藏品特点，将互联网应用领域的新思维、新技术、新模式渗透到传统收藏领域，提高了收藏品的流转效率，节约了投资人的时间和精力。

图 10-1　互联网下收藏品的流通

互联网收藏变局

　　对中国收藏家来说，他们似乎有一种与生俱来的使命感——致力于流失海外中国文物的回归。如互联网收藏平台"联拍在线"推出的海外拍卖平台，陆续展出的很多中国重要文物艺术品，恰恰切合了中国收藏家的需求，切中了他们的"痛点"，一上线就受到了中国收藏家的追捧，促进了海外文物艺术品的回归。当然，同时我们也应看到，中国收藏家的视野也不仅仅局限于流失海外的中国艺术品，他们对国外艺术品也有着深入的研究和独到的鉴赏能力。对海外收藏家来说，他们可以通过互联网平台参与中国收藏品交易。

　　与此同时，我们要避免这种爱国情怀被别有用心的人利用，以免落入他人窠臼。典型事例就是 2000 年香港佳士得和苏富比举办的圆明园牛首、兔首、虎首拍卖，因这三件艺术品收藏包含了国人太多的情感而被拍出了天价。

　　巨额拍下中国收藏品，本质上出于国人的爱国情怀，但是难免被不法商人利用，从中牟取暴利。另外，从海外购买中国艺术品时还需留意新仿、高仿等赝品。还有，一些不法商人将某些收藏品送到国外，经过包装、过度营销，在

第十章

打造收藏生态圈

拍卖行卖出高价，再合法流入国内。

互联网收藏平台的横空出世整合了国内外收藏市场的资源，通过不断革新的技术手段、不断刷新的思想观念，进一步深入了与战略合作伙伴的合作，最大程度实现了资源的优势互补，搭建了新时代下在线交易的新平台。互联网收藏平台应该说是"互联网＋"实体经济的代表产物，代表的是一种新经济形态。这种经济形态充分发挥了互联网在生产要素配置中的优化和集成作用，将互联网的创新成果深度融合于传统收藏行业，提升了传统收藏行业的创新力和生产力。在这个信息大爆炸的时代，收藏业作为传统行业的代表，需要用新时代的思维来看待和思考"互联网＋"。"互联网＋"收藏模式，给收藏市场注入了新鲜的血液，带来了更多的可能性。

借助"互联网＋"的东风，互联网收藏平台聚集了国内外优秀的专家和资源，包括国内外著名画家、摄影家、收藏家，也包括各类大大小小的经营机构，甚至是苏富比等知名拍卖行。有一些走在前沿的互联网收藏平台，已经计划引入鉴定评估专家，进一步提升专业性和学术性，逐步

互联网收藏变局

建立一个以互联网为基础的良性循环的收藏生态圈。

互联网收藏平台的重要意义，还在于它降低了收藏的准入门槛，为更多的人提供了入场机会。在"互联网＋"时代，很多年轻的艺术家以全新的思维和特立独行的风格吸引了一大批拥趸，网络平台将传统的商务流程电子化、数字化，减少了中间环节，破除了时空的壁垒，艺术家与收藏家可以直接交易。"人人都是艺术家""人人都是收藏家"逐渐由海市蜃楼变为现实。

同时，我们也应看到，随着互联网收藏平台的快速发展，平台本身的一些问题也日渐突出。如互联网收藏平台如何在信息发布和法律免责方面平衡、如何保护个人的信息安全等。这就需要提醒收藏者在网上进行交易时，不仅要有火眼金睛，更要有保持理智的定力。

|第十一章| IP 时代的缩影

艺术品 IP 运营

知识产权泛指网络文学作品、漫画、游戏，甚至是一个概念、热词、人物形象等。IP 的概念始于 1990 年美国动漫产业，DC 漫画《超人》和《蝙蝠侠》系列电影首次引入 IP 概念。21 世纪开始，漫威 ①授权福克斯影业制作《X—men》，授权索尼影业制作《蜘蛛侠》，风靡全球。2008 年，漫威电影工作室推出首部电影《钢铁侠》便大获成功，获得当年票房冠军。此后，漫威便开启了将漫画作品改编为电影的道路，陆续发行了很多脍炙人口的作品，如《绿巨人》等。曾经一度不被好莱坞看好的漫威，独辟蹊径，走出了自己的路。

---

① 漫威，即漫威漫画公司，创立于 1939 年，美国漫画业巨头。

此后，好莱坞电影集团巨头们开始利用成熟的 IP 进行全面开发，获取高额回报。从《指环王》《冰河世纪》到漫画人物《超人》《蝙蝠侠》《蜘蛛侠》，再到《绿巨人》《阿凡达》……好莱坞不仅将这些 IP 输送到全球电影院，一次又一次刷新了票房纪录，更将这些 IP 开发出一系列的周边产品，形成了另一个巨大的市场。应该说欧美的 IP 产业链已经非常完善，细分之下，以迪士尼和华纳为首的美国六大电影集团运营模式各有千秋。

随着全球影视业 IP 的不断升级发酵，中国对 IP 的争夺权也愈演愈烈，越来越多的相关词汇出现在主流媒体上。"大 IP""电影 IP""优质 IP"等词汇一时成为媒体的宠儿。IP 热潮背后是一条包括上游、中游、下游的完整产业链。这条产业链的上游包含原创网络文学、漫画改编、新闻特稿、独立工作室、游戏改编等。职业编剧、网络写手、作家、新闻特稿部门被称为"内容创作者"。由投资方出钱购买 IP，进入拍摄制作环节，以电影、电视剧作为 IP 的最终产品，将版权分销给各大电视台、网络视频播放平台、海外市场等渠道，获得广告收入、视频播放会员收费、代言收费、票房等，这些都构成了 IP 的收入来源，观众则作为 IP 的最终消费者成为整个产业链的下游。

　　每一个艺术品都是一个 IP，从挖掘故事，挖掘历史背景，到变成影视剧、动漫、其他周边等。深度的 IP 挖掘，会让一个艺术品产生巨大的价值。中国艺术品市场发展源远流长，在民间长期实践过程中形成了自己独特的一套约定俗成。直到今天，这些传统依然为民间收藏圈奉为圭臬，但我们也不得不清醒地认识到，随着国力的增强，中国艺术品市场得到了全世界的认同和接纳，中国艺术品在全球艺术品市场上发挥着越来越重要的作用，但与之配套的收藏投资文化建设却没有跟上，艺术品鉴定评估以及规范的艺术品市场体系亟待建设。传统中国艺术品市场更多的是靠民间力量自我发展，参与市场竞争的主体受自身层次限制，收藏投资文化建设缓慢。现在，发展收藏投资文化，建立艺术品市场运作体系，规范艺术品市场主体能力建设，是中国艺术品市场制度发展重要方向。建设收藏投资文化，有利于形成整个市场的共同信念及行为规范，有利于发挥文化对中国艺术品市场的软制约作用。

收藏投资文化的建设，已成为中国艺术品市场管理体制与制度建设的一部分，能够为市场管理体制的建立与完善提供思路，能够与市场管理制度相辅相成，互为补充。一旦发生中国艺术品市场管理体制中未出现的情况，收藏投资文化的软约束可以及时调整补位。特别是法律法规暂未出现的盲区，收藏投资文化可以起到及时"扫盲"的作用。另外，诚信机制建设已成为收藏投资文化建设的核心与基础，其中，建立市场征信体系是突破艺术品市场诚信机制建设发展瓶颈的重要举措，是进一步建设与发展收藏投资文化的迫切需求。

收藏与文化相得益彰

每个收藏品都是一个 IP 产品，每个收藏品经历的历史、文化过程都可以衍生出 IP 产业，如动漫、影视等，形成一条 IP 产业链条。许多企业家都有收藏爱好，每件藏品在收藏家买入的时候都有背后的故事。一件藏品，在看它的年代、品相、价值的同时，还需要了解其背后的故事。这样才能知道该藏品是否具有收藏价值和升值空间。每件藏品都是有血有肉、有感情和生命的，正是因为这些原因，才使得藏品更具收藏价值。

举例来说，一架很普通的钢琴，没有品牌加身，音质也不出彩，没有名人效应，却被深圳博物馆视为宝贝。这是什么原因呢？

原来这架钢琴是由深圳普通退休机械工人王开罗耗时

7 年纯手工打造而成。20 世纪 80 年代时一位老师对王开罗说:"你女儿很有音乐天赋……"正好女儿也对钢琴感兴趣。可一台钢琴顶王开罗当时 10 年的经济收入。怎么办呢? 为了女儿,王开罗决定亲自做一架钢琴。

钢琴是一件非常精细的音乐器具,零件就有一万多个,制作很难,王开罗对每件配件都是亲手打磨切割。正是因为这架手工打造的钢琴,让王开罗三个女儿在音乐方面都有所建树。这架钢琴,代表了改革时期一个普通工人为了女儿的理想所做的努力。后来这架钢琴作为改革开放初期的一个缩影,被深圳博物馆永久性收藏,其价值不言而喻。

收藏故事有很多,这只是其中一个。通过挖掘故事和对收藏内容的分析,IP 产业作为收藏品的衍生品,将延伸出全新的商业发展模式。将二者结合,才能使产品的文化、收藏、金融等属性得以提升,实现 IP 价值最大程度的增值,推动相关行业的发展。

把 IP 与收藏结合,将生产环节、销售渠道、产品价值、大数据收集、粉丝聚集、多方共赢等多方面相互整合,通过大数据进行把控,通过互联网渠道吸引用户。深度挖掘

第十一章

IP 时代的缩影

IP 价值，整合收藏品行业，通过提供信息，让价格趋于合理，让变现渠道更加快捷，使该行业更加透明公开；通过对互联网+、金融+、文化+三者的搭建，将收藏打造成标准体系，推动收藏产业的转型发展，促进消费。

互联网收藏变局

开启收藏与投资的秘密

第六部分
收藏之跨界与融合

　　国内收藏热度不减，国外收藏如火如荼。各种新型的收藏模式，通过跨界融合的方式。拓宽了渠道，丰富了可选择性，方便了藏品的交易，开辟了新的文化传播途径。收藏行业与其他行业跨界融合已是大势所趋。

　　本部分主要讲述了收藏＋主题公园、收藏＋虚拟数字化博物馆、收藏＋旅游、收藏＋私人订制、收藏＋衍生品的跨界模式。社交网络日益发达、信息沟通无障碍的时代，还会有更多的跨界方式可供收藏者选择。

|第十二章| 跨界的收藏业

收藏 + 主题公园

建设主题收藏公园，发展虚拟现实技术 VR 和增强现实技术 AR 的实际应用，这属于跨界融合盈利的新模式。

区别于普通公园的主题公园（Theme park），是现代旅游业在开发旅游资源过程中孕育产生的新模式。主题公园是自然资源和人文资源的集合，是一种采用现代科学技术和多层次空间活动的设置。主题公园是以旅游休闲为目标建立起的人文资源，它围绕一个或者多个主题，把自然资源和既定相关主题结合在一起，集合众多娱乐活动，来营造一个特别的环境和气氛以吸引游客。主题公园里面的所有植被、建筑、色彩、娱乐设施等资源，都是为了主题而

服务。根据主题的内容和创意，通过各种高新技术手段和相关文化的复制、移植、陈列等手段，把主题公园打造成为满足各种游客多样化娱乐、休闲的现代化旅游场所。主题公园的主题贯穿整个游乐休闲项目，并建立虚拟环境和娱乐设施，以满足人们的休闲需求。迪士尼乐园可以说是世界上最成功的主题乐园了，其中奥兰多迪士尼乐园、东京迪士尼乐园以及巴黎迪士尼乐园都位居世界前列。但每个乐园定位又不一样，分别有着独立鲜明的特点。

如果建造一个以收藏为主题的公园，利用最前沿的科技把收藏品和主题文化结合在一起，提供给消费者视觉、听觉、想象力的特殊体验，这样的主题公园和单纯的收藏品就完全不一样了。这是一种全新的收藏文化体验模式，其特点主要有以下三大方面：

第一方面，以前收藏的实物只是一件件物品，不熟悉的人们只能从固有的形态去了解和感知，但现在我们把每件藏品重新定义并赋予它们灵魂，让它们像迪士尼乐园一样鲜活地展示自己，深度挖掘出藏品身后的历史和故事，变得更加生动形象。

第二方面，通过这种跨界融合，让普通人更快捷地了解收藏文化，充分展示藏品内涵。如果把收藏比作一个圈的话，普通人常常游离于圈外，但通过主题公园可以很大程度上改变这种状况，它可以让普通人了解收藏，了解藏品历史，也让普通人找到了解藏品的窗口。

第三方面，打破了企业家仅凭个人爱好进行收藏的传统模式，打开了收藏的大门，通过收藏跨界，让人们深入了解收藏的文化内涵，深度挖掘藏品更多的潜在价值。

建立收藏主题公园这种新型商业运营模式，还需要结合最新的高科技。从成本上来说，需要大量资本作为后盾，需要长时间持续投入。稳定性是否可靠，是否存在未知的漏洞，等等，这些可能存在的问题，都需要我们在具体实施过程中抱以谨慎态度。

收藏＋虚拟数字化博物馆

早在 20 世纪 90 年代，中国就开始了数字化博物馆的研究和探索。数字博物馆为传统实体博物馆打开了另一道门，成了实体博物馆和人们沟通的新桥梁。数字化博物馆建设初期，由于缺乏经验，遇到了各种困难，但随着科学技术的发展，问题逐渐得到了解决。博物馆网站和数字博物馆都是基于现实博物馆开发而来，在某种程度上他们的目的一致，且有许多共同点。他们都有实体博物馆的部分职能，并以现实博物馆为依托，通过技术手段在网络上呈现实体博物馆的优质资源、丰富藏品、资讯交流等。

从发展层面来看，数字博物馆是博物馆网站未来发展的方向，博物馆网站只是数字博物馆的基础和雏形，博物馆网站立足于传统博物馆，是传统博物馆对外发布资讯、举

第十二章

跨界的收藏业

办活动和进行藏品展览的信息窗口，也是对外服务互动的交流平台。但是目前我国博物馆网站建设普遍都没有达到人们的需求，成熟的数字化博物馆建设尚且不足。

什么是虚拟数字化博物馆

现实的博物馆收藏以数字、网络技术的方式表现出来，打破了博物馆空间上的存在，人们可以在任何有网络的地方，身临其境地感受博物馆藏品的魅力。这种数字化的技术，将传统博物馆与网络活动紧密结合起来，拓宽了博物馆的展示功能，也搭建了博物馆信息交流传播的平台。这种数字化的博物馆，具有传统博物馆难以具有的虚拟化、网络化、多样化的特点。

博物馆的虚拟化也拓宽了实体博物馆功能，延伸了实体博物馆的职能。数字博物馆在展示方面不受时空限制，可以将一个博物馆全方位展示出来。当然，数字博物馆的全方位展示需要技术的支持，同时又需要不同于实体博物馆的特性，比如需要信息交互、知识提供等方面的特性，才能凸显数字博物馆的特点和优势，才能吸引公众，引起公众的兴趣。

世界各地数字化博物馆的范例

综观国内外数字博物馆的发展，经历了三个阶段：第一个阶段是单馆模式，第二个阶段为群馆模式，第三个阶段为整合模式。但不管是哪种模式，单独数字化博物馆的建设都是一切的基础。虚拟化数字博物馆，就是将许多单独的数字化博物馆数字资源，通过网络进行整合、重组，再结合最新的科学技术，把整合后的数字资源通过互联网传输到世界各地，从而达到数字化资源最好的展示、传播、分享和预览。通过这种手段，人们就可以足不出户地了解世界各地的顶尖藏品和收藏知识。

当然，我们国内也有许多新的尝试，比如百度百科数字博物馆、故宫端门数字博物馆，等等。其中百度百科数字博物馆于2012年1月4日正式上线，截至2018年年初已经收录了235多家博物馆的藏品。

国外的加拿大虚拟博物馆，是加拿大通过整合国内资源而建设起来的。欧洲虚拟博物馆，是欧洲汇集、整合了各个不同文化中心200多万件作品而建立的。

在数字博物馆中，通过文字、图片、录音解说、立体

flash、虚拟漫游、高空俯瞰等多种方式，全景展示了各家博物馆的权威信息和独家藏品知识，极大地丰富了用户的感官体验。这些也正是目前很多国家正在进行的尝试，是融合新科技的良好范例。

虚拟数字化博物馆的优势

第一个优势，数字化博物馆也是一种跨界融合的新模式。它大大促进了博物馆和人们之间的联系，加强了博物馆与社会大众的沟通。传统博物馆收藏的藏品只是一件件不会说话的物品，但在数字化博物馆中，每一件实物藏品都会凸显出自己独特鲜明的形象，使人们更直观地了解和熟悉。

第二个优势，对于大多数普通人来说，收藏可能只是一个概念，收藏对于他们来说充满了神秘和专业，但通过数字博物馆，可以让普通人了解收藏、喜欢上收藏，欣赏大洋彼岸博物馆里面的镇馆之宝，进行虚拟世界的冒险，参与到他们举办的虚拟活动中去，等等。数字博物馆虽然比不上实体博物馆的真实体验，但那些广阔的视野、对藏品的深度诠释，以及由此带来的便利，都会加深人们对博物

馆的热爱，无形中扩大了博物馆的影响。

第三个优势，数字博物馆成了实体博物馆远程教学的课堂。数字博物馆借助互联网和数字技术的优势，开启了单项式和交互式的远程教学，让实体博物馆的教育职能不再局限于某个范围。单项式远程教学，就是将博物馆的藏品、研究成果和各种展示资源制作成课件类教育资源，配合学校或者有需求的普通大众，进行远程教学。交互式远程教学，就是由实体博物馆内的专家，对某领域或者某专题在固定时间段内向学习的人提供解答和探讨。数字博物馆的引入解决了实体博物馆之前存在的各种问题，如很多实体博物馆在不同程度上有藏品来源不清、业务档案资料缺失、历史资料流失、查找使用归档不方便等诸多问题。数字博物馆的建立实现了各种资料数字化管理，促进了资料、档案的数字化保存，实现了实体博物馆自动化办公，对各种资料的查找、调用更加方便及时，加强了对藏品账务、业务资料的管理，减少了出错，提高了实体博物馆的办公效率。

虚拟数字化博物馆的建设

一、数字博物馆是信息时代人文与科技结合的产物。

数字化博物馆虽然以传统博物馆为基础，但是在数字网络环境下，管理理念和实践方式区别于传统博物馆。

二、制订长远整体发展规划及切实可行的实施方案。

数字博物馆的建设，涵盖实体博物馆的诸多内容和职能。一方面是硬件设备的建设，另一方面是软件平台的搭建。建设工作不仅周期长，涉及的细节也颇多。作为建设数字化博物馆已经有十几年经验的台北故宫博物院，从 2001 年开始就制订了一个五年整体发展规划和分年实施计划。规划中有五年长远目标，分解了每年的具体任务，细化了实施的每个步骤。如某个具体如何操作、花费多少时间、谁去实施、实施结果如何等，都有详尽的规定，既便于实施，又利于验收。北京"数字故宫"建设也颇具成效，页面简洁明了，将故宫全景图完整清晰地呈现了出来，给人耳目一新的感觉。现在不少博物馆都在建设数字博物馆，但是也有博物馆疏于管理，网站风格陈旧，功能不足，无法发挥数字化的作用。因此，在建设数字博物馆的过程中，首先要有一个整体、长远的规划；其次是要结合本馆实际，切记不要盲目跟风；再次是要做好后期的维护工作，以切实展现博物馆的特色。

三、坚持做扎实的基础工作。

数字博物馆的展示来源是实体博物馆的收藏、展览、活动等资源，通过计算机技术将这些内容用数字化、网络化的形式表现出来。这些实体资源向数字资源的转化，是数字博物馆得以建设的前提和基础，有了这些资源，数字博物馆才能展现并发挥作用。转化的工作艰巨、专业、复杂。正因如此，能将藏品资源全部转化为数字资源的国内博物馆屈指可数，大部分博物馆只对镇馆之宝或者少数的藏品建立了数据库资源。不仅国内如此，国外的机构也同样存在类似的情况。可见，藏品资源数字化的过程，是一个长期、细致的工作。

现在在不少博物馆的官方网站上基本能看到该馆馆藏作品，这些都依赖于数字博物馆的建设。没有数字博物馆的资源，这些精美的藏品很难如此直观地展现出来。实体博物馆的藏品陈列、文字介绍、展览活动等，通过数据化的形式形成了数据库资源，数字博物馆则将这些资源加以整合，并添加了实体博物馆所没有的功能，比如声音、检索等。

数字化博物馆的建设，为企业家带来了新契机。通过数字化博物馆，收藏家们可获得的信息更加广泛，能够感受到的文化也更加直观，无论是收藏行为还是藏品价值，潜在的内涵和价值都更多地被挖掘了出来。

这种跨界融合是一种新的模式，但是在实践中，还需要综合考虑多方因素，审慎看待问题，尤其是在资金投入和技术层面。

收藏 + 旅游

俗话说，读万卷书不如行万里路。旅游作为一种休闲活动，不仅可以缓解工作和生活的压力，使人心情愉悦，身心得到放松，还能陶冶情操，丰富见识，开阔眼界，强健体魄。针对社会整体而言，旅游业也成为国民经济发展中重要的一部分，很多地区都在围绕旅游做文章，既直接带动了当地住宿、餐饮、农副产品业的发展，又提供了更多就业机会，同时交通运输业、加工业、园林业等产业也得到了间接发展。

在旅游经济日益活跃的背景下，收藏业也可以和旅游业相融合，创造新的商机。游客前往一个地方旅游，除了游览自然风光、品尝美食，旅途结束时往往也会购买一些纪念品，作为旅行的记忆。尤其是以历史人文景观为主的景点，游客购买具有当代特色纪念品的需求更为强烈。

因此，具体到收藏＋旅游方面，主要有两种方式。第一种是双方合作模式，即博物馆通过与旅游公司合作，开发、推广、宣传自己的藏品，吸引游客。还有一种方式更为直观，通过制作旅游、纪实类的电视节目，介绍博物馆和收藏馆、收藏家等，发掘藏品的历史、制作、来源等背后的故事，激发节目观众对收藏的兴趣。

这种融合方式主要有几大优势：

优势一，有利于文化的传播。

旅游是游客动态感受文化的过程，而收藏则是收藏者对静态文化的吸纳。藏品所呈现的外在形态，可以吸引旅游者深入了解藏品的内在含义。不同的国家，不同的地区，有着不同的风俗习惯和文化，将收藏与旅游相结合，用旅游的形式去传递这些多姿多彩的内容，更能凸显藏品丰富的文化内涵，体现收藏的价值。

例如画作的收藏，欧洲一些国家，比如法国、意大利画家的作品，就一直为收藏界所热捧。有些作品不仅代表了某个流派，有着独特的欣赏价值和美感，更反映了时代背景下特殊的文化背景。

同样，当我们去故宫旅游，往往被其复杂、精巧、庞大的建筑艺术所折服，这个建筑群也是过去政治、经济、文化发展的一个缩影，是民众窥探皇家生活的一个窗口。在旅游过程中，游客一般会购买具有故宫特色的纪念品，这种收藏行为既是一种纪念，也是一种对故宫文化更加深入理解的方式。

优势二，形成聚合效应。

收藏＋旅游，看似是两个相关性不大的行业融合，但如果深入探寻二者之间的关系，寻找旅游业与收藏业之间的爆发点，就不难发现其共鸣点。例如出版旅游与收藏相结合的书籍，让读者在旅游过程中发现收藏的乐趣，或者在收藏过程中感受到旅行的放松。在旅游节目遍地开花的现状下，推出具有特色的收藏＋旅游节目，或者做藏品展示与旅游的主题活动，都是对旅游夜业与收藏业不错的探索。但是上述几种方式还停留在收藏＋旅游融合的表层，更进一步的融合需要发掘更深层次的需求。

旅游与收藏的融合，还会出现更加多元化的前景，在

第十二章

跨界的收藏业

自媒体和社交网络飞速发展的今天，未来跨界的发展难以预测。但可以知道的是，二者的融合不可能停留在今天传统的层面，人类的想象力和创造力在这个行业会有更广阔的发展。

互联网收藏变局

收藏 + 私人定制

近年来，随着个性化需求的加大，私人定制逐渐在各个行业推广开来。过去"一对一"的定制主要集中在服装、首饰等物质消费性行业。现在，其他新兴行业也出现了私人定制的需求，比如针对客户需求的艺术品定制。在艺术家集中以及收藏市场活跃的城市，服务于私人定制的画廊、艺廊等悄然出现。这些机构按照客户要求，与艺术家与收藏家合作，提供书画、雕塑、瓷器等的定制。作为一个新生市场，其发展前景尚不明朗，而这种按需定制，是否会与艺术家天马行空的创作发生冲突，是否具有收藏的价值，以及价值的变化如何，都是难以预测的。

从被动消费走向主动消费

艺术品的定制由来已久。在外交事务中，一些具有国家特色的艺术品经常被作为外事活动的国礼。2017年5月，在北京举办的"一带一路"国际合作高峰论坛中，由北京工美集团设计的《丝路绽放》雕漆赏盘、《共襄盛事》景泰蓝赏瓶、《和合宝鼎》珐琅器、《和合之美》捧盒套装、《梦和天下》首饰盒套装以及《和韵》捧盒共六件礼品，作为国礼赠送给了前来参会的领导人及家属。过去，齐白石、李可染、黄永玉等著名艺术家也都参与过国礼的定制。篆刻艺术家韩天衡也曾为2001年上海APEC会议参会领导人制作印章，作为会议的国礼。除了外交需求，很多具有实力的企业、公司、机构，也都有艺术品定制的需求，以达到宣传企业文化、吸引客户的目的。一些高级酒店、集团总部，也曾选择定制壁画或雕塑，以提升企业外在形象。

初级收藏者一般都是面对藏品，直接接触艺术家的机会少之又少，更不用说与艺术家直接进行沟通交流。且艺术家不一定喜欢与普通的收藏者接触，更难以听取普通收藏者的需求去进行创作。普通收藏者在面对藏品时，只能通过自己的理解去感受艺术品所表达的内涵，被动接受艺术家的创作理念和审美，不能将自己的个性和理念融入

其中。

普通收藏者与艺术家之间缺乏沟通的情形下，一些提供艺术品定制中介服务的机构开始出现。他们一方面收集艺术家的资料，研究艺术家的创作方向，制作成艺术家名录；另一方面，与收藏家交流，将收藏家的需求反馈给艺术家，经过与双方的商榷，制订创作方案，最后由艺术家以艺术品的形式将收藏家的需求呈现出来。

此外，收藏家的需求可能是抽象的、非专业的，即便直接与艺术家沟通也会出现交流不畅的情形，但通过中介转述，则可能更为准确地表达双方的意思，促进定制创作方案的进行。除了创作，价格的确定、运输等事宜，通过中介机构进行更为简单便捷，既避免了浪费艺术家创作的精力，对收藏家而言也更为安全。

艺术品市场包罗万象，如书画、瓷器、雕塑等，但不是所有种类都适合于定制，却依然大有市场。过去，收藏家或者消费者对于艺术品只能是被动接受，因为私人定制，他们成了艺术创作的参与者，能够在艺术品中将自己的理念直接展现出来。比如，一个人在旅行过程中所拍摄的自然风光照片，如果单纯将尺寸扩大，不仅受照相设备像素的限制，而且欣赏价值不高，如果绘制成油画，装饰功能和收藏价值都能得到提升。

私人定制，除了艺术手法的表达外，还需要对定制者的目的、想法等加以研究，定制者实际上也是消费者。在现今收藏热度居高不下的情形下，私人定制该何去何从，就需要深刻把握定制者的心理。有的人可能是跟风定制，而在一些经济实力较强又有艺术想法的人群中，他们有定制的需要则是出于对艺术的喜欢，这是一个漫长的过程，但也是私人定制的发展前景所在。

定制艺术品价格区间较大

在照相机没有问世的时代，有专门从事为贵族或者宫廷绘制肖像的画家。

例如，19世纪中期德国学院艺术派画家弗朗兹·克萨韦尔·温特哈尔特，他为当时欧洲皇室绘制的《拿破仑三世皇后和众宫女》《奥地利皇后伊丽莎白》《里姆斯基·柯萨科夫夫人像》《玛丽亚·费欧多洛夫娜皇后肖像》等作品，均属于私人定制，这些作品的价值也为后世所认可。

在中国古代，宫廷中同样设有画院，这个机构承担着为皇帝收集整理绘画、培养画师、绘制创作等职能，著名人物画作《韩熙载夜宴图》《重屏会棋图》《勘书图》的作者顾闳中、周文矩、王齐翰，均是出自画院。画院制度在宋徽宗时得到了进一步的完善，并为后世所沿袭。此后，画院定制逐渐走出皇室，民间出现了定制作品。

在个性化需要不断增强的今天，艺术品的发展也需要拓展新的领域。艺术家的创作在自成一派的前提下，难免会出现困境，囿于自己固有的风格，可能难以出现令人耳目一新的作品，但是与定制者思维的碰撞，则可能打破这种窠臼，获得新的创作理念。

私人定制还有一个重要的影响因素，那就是价格。价格的高低，对艺术家的选择、作品的尺寸都有直接的影响。当然，价格也不是唯一的影响因素，定制者的理念、投资眼光、艺术家的选择对私人定制也均有影响。

有名气的艺术家对定制的价格一般都讳莫如深，究其原因：一是他们怕定制品价格影响到自己其他作品的市场价；二是定制艺术品一般受内容、题材、尺寸和客户的需求影响较大，不同的客户要求不同，所付出的精力也必然存在差别。并且定制品因为其特定的内容或者意义，也无法在价格和价值上与市场上流通的一般艺术品相比较。此外，一些有名气的艺术家甚至不愿意承接私人定制的工作，即使有人愿意接，大部分也是小范围不公开，他们忌讳有人拿价格做文章，或者与其他艺术家进行比较。私人定制付出的精力也比一般的作品要多得多，对艺术家的创作能力也是一种考验。

升值空间尚不确定

上文说过，私人定制的艺术品一般带有定制者强烈的个人特色或者喜好，这类作品如果进入市场，是否能与普通的艺术品一样能够保值、增值，还是个未知数。不过有一种特殊的定制品，历来为收藏界所热捧，价格也不断攀升，那就是国礼。这类艺术品因为其特殊的意义、精良的制作，在问世后往往为创作者带来巨大声誉，其他作品也受到各界的关注。

例如，画家刘令华的作品《世纪玫瑰图》被选为2001年 APEC 会议布展的作品。该画作中 21 朵盛开的玫瑰既象征 21 世纪, 同时也代表 21 个经济体参与的盛会。此后, 刘令华的身价大增, 作品价格也跻身奢侈品行列。该幅作品在展览会上标价高达 3000 万元, 而他创作的以传统戏剧人物形象为主体的《大唐贵妃》和《霸王别姬》画作, 其中一幅被日本买家以 800 万元的价格购得。

虽然有了画家刘令华成功的先例, 但是私人定制艺术品的收藏价值还有待市场和历史的考验。一方面, 私人定制艺术品为个人或者机构专属, 具有很强的个体属性, 甚至表达了定制者独特的喜好和特定的价值, 但对其他人而言并没有特殊的含义, 因此很难有大的升值空间, 除非是大师级艺术品。定制艺术品的价值受艺术家自身原因影响也较大, 如果是在艺术家早期进行的定制, 在艺术家负盛名后价格一般会上涨。如果艺术家身价大跌, 则艺术品价格也可能受到影响。此外, 艺术品定制刚刚起步, 无论是中介机构还是定制双方, 对整个过程以及市场的认识还有很多欠缺的地方, 也需要长时间的尝试和发展。当然, 作为一种新生行业, 艺术品定制也为不少的私人定制艺术品机构所看好。定制类作品因为糅合了艺术家的风格和收藏家的审美，在未来还是有很大的升值空间，甚至这类艺术品的升值空间会超过艺术家的其他作品。但是，有的艺术品定制机构也表达了他们的担心，市场上出现了一些鱼目混珠的定制机构，打着"私人定制"的幌子进行炒作，实际上却破坏了整个行业的良性发展。

　　私人定制艺术品，对收藏家而言，开创了一种新的收藏模式，增加了收藏家对藏品的兴趣，增进了其对艺术的理解，也融合了他自己的审美和感情；对艺术家而言，拓宽了他的创作思路，增加了收入来源；对整个行业而言，搭建了收藏家和艺术家沟通的桥梁，为从业者提供了新的盈利模式。

收藏 + 衍生品

现在有很多游戏、动漫周边产品被粉丝所热捧，绝版、限量版产品的价格也水涨船高。越来越多的公司和资金投入于此，市场前景一片光明。动漫业、游戏业可以开发衍生品，收藏业同样也可以开发衍生品，其优势主要有如下几方面：

一是衍生品的开发增加了市场效应。一个火热 IP 在公众视野中的热度只能持续一段时间，但是如果开发了对应的衍生品，必然会吸引粉丝的关注，客观上拉长了 IP 的周期。

二是衍生品市场前景良好。据统计，日本动漫市场的衍生品每年有高达两万亿日元的产值，并且每 10 部动漫就有 6 部会推出衍生品，以吸引粉丝，而我国 10 部动漫中仅有 2 部会推出衍生品，随着受众群体的扩大，衍生品市场必然会有一个井喷式的发展。

三是衍生品市场的开发投入较少。单就一个游戏或者动漫而言，在获得授权后，开发衍生品只需要一次的设计、开发投入，以后再生产均不需要再次投入设计等费用，也不需要重新设计。因为利用周期长，成本较低，持续的销售便能获得可观的利润。

四是相比其他产业衍生品的利润要高。随着粉丝的增加，衍生品销量增加后其产品价值也不会贬值，反而会不断升值。借助衍生品，可以开发类型式的实体产业，比如带有游戏特色的餐厅、旅游小镇、真人实景游戏，等等。

收藏同样也可以借助衍生品，帮助企业家发现新的商机，在收藏的同时，增加投资机会，实现更多盈利。

互联网收藏变局

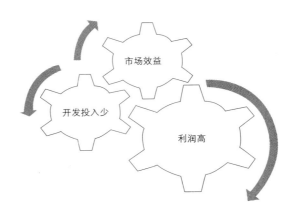

图 12-1　衍生品的效益

　　上文所讲述的收藏＋主题公园、收藏＋虚拟数字化博物馆、收藏＋旅游、收藏＋私人定制、收藏＋衍生品的跨界模式，仅仅是企业利用收藏实现盈利的一部分模式。这些模式有的已经在国内外获得了市场检验，开始投入实践，有的还处于探索阶段，但是也不失为一种未来企业收藏的参考方向。社交网络日益发达、信息沟通日渐无距离的时代，还会有更多的收藏方式可供企业选择，为企业创造更多盈利。

|第十三章| 企业收藏发展趋势

收藏时代的 "丝绸之路"

企业收藏的社会化、公共化，体现了社会责任的，同时也有利于藏品的保护、文化艺术的传播和企业品牌形象的宣传。但是也应该看到，企业收藏是一个长远的工作，无法一蹴而就。一些企业在收藏过程中，出现了定位不明确、随意决策、藏而不管、专业性差、难以坚持等问题。短期看，这些问题影响了企业现金流的使用，不利于企业的运营；长期看，企业的一时之举对企业品牌和形象均会产生负面的影响。因此，企业收藏，应该用长远的眼光、精准的手段，抓好"收"和"藏"两个方面。未来，企业收藏与艺术将有更多的互动，企业与艺术之间的跨界合作也将会更频繁。企业在收藏的同时，也应该考虑如何更好地与艺术协作，实现企业的发展。

随着我国"一带一路"国际合作高峰论坛的召开，与周边国家的交往将更加密切。与周边国家的贸易，不仅仅是基础设施以及现代产品的交易，更包含了文化的沟通与交融。面对新的机遇和挑战，收藏该如何寻求新的方向？如何树立责任意识？这些问题都是收藏所需要面对的。

为什么是丝绸之路

丝绸之路，这一名词首次出现在 1877 年德国地质地理学家李希霍芬的著作《中国》一书中，他把中国西汉时期张骞出使西域所开辟的陆上贸易通道称为"丝绸之路"。这一名词为官方和民众所普遍接受，并一直沿用至今。

丝绸之路始于西汉，公元前 139 年，张骞受汉武帝刘彻委派，从当时的都城长安出发，出使西域，途径中亚，翻越帕米尔高原，抵达西亚。这条连接中国与中亚、西亚贸易的国际通道，开辟了中国与周边国家的经济文化的交流之路。2014 年，经中国、哈萨克斯坦、吉尔吉斯斯坦三国的共同努力，申报的丝绸之路"长安—天山廊道路网"成为世界文化遗产。

第十三章

企业收藏发展趋势

上文所讲的"丝绸之路"仅是指陆上丝绸之路，为张骞出使西域所开辟。东汉时期，班超从洛阳出发出使西域，帮助西域各国摆脱了匈奴的控制，将隔绝 58 年的丝绸之路重新打通，加强了西域与内地的联系。此外，还有一条海上丝绸之路，这个概念于 1913 年为法国汉学家沙畹（Edouard Chavannes，1865—1918）首先在他的《西突厥史料》著作中提出："丝路有陆、海两道。北道出康居，南道为通印度诸港之海道。"海上丝绸之路形成于秦汉两代，秦始皇统一岭南后，该航线发展迅速，主要有番禺和徐闻两个港口。隋唐时期，海上丝绸之路进入繁盛期；到了宋元两代，随着航海技术的提升，海上丝绸之路到达鼎盛。海上丝绸之路的开辟，方便了中国丝绸、茶叶、瓷器的出口，打开了中国与国外贸易和文化交流的海上通道。

一个时代的兴衰对这个时代的文化发展有直接的影响。经济发展平稳，社会清明，文人墨客往往有足够的精力进行创作，出现了很多流芳百世的作品。统治者会有精力和金钱在艺术品的收集上下功夫，广纳贤良，充实自己的艺术品宝库。如唐太宗李世民酷爱收藏书画，尤其酷爱

收藏王羲之的诗书字画，他派监察御史萧翼乔装为一名书生，从辩才和尚那里骗得王羲之的《兰亭序》，并将该作品在死后随葬。武则天、李隆基也同样喜欢收集书画。到了经济飞速发展的宋代，宋徽宗赵佶更是垂青于书画，不仅其自己在书画创作和研究上有独到的天分，创造了"笔法追劲，意度天成，非可以陈迹求也"的"瘦金体"，还成立了书画院，催生了米芾、张择端等一代大师，更痴迷收藏书画，推动编定了《宣和画谱》和《宣和书谱》。清代乾隆皇帝更是一个收藏狂人，先后珍藏了王羲之的《快雪时晴帖》、王献之的《中秋帖》和王珣的《伯远帖》三件稀世墨宝，并敕令梁诗正、蒋溥等大臣将内府所藏魏晋以来的书法家名迹编刻为《三希堂法帖》。

历史上帝王大规模的收藏，虽然有利于艺术品的保护，但是在朝代更迭之际，数量庞大的艺术品往往首当其冲受到冲击。

战乱的毁损或是散落民间，都使得很多艺术品下落不明，例如唐太宗李世民随葬的《兰亭集序》，据说其墓葬在五代十国时期被盗，《兰亭集序》从此也再难寻得踪迹。因

企业收藏发展趋势

此虽然经过历代帝王的收集，艺术品整体的数量还是较之前在减少，很多瑰丽的艺术品渐渐销声匿迹，能保留下来的更多的是每个时代新出现的艺术作品。1949 年后，无论是国家还是地方，都对文物的保护有了更多的重视。博物馆的相继设立，对过去艺术品的保护又有了新的保障。

除了帝王之家爱好收藏，过去的名门贵族也喜好在收藏品上下功夫。如东晋的王谢两族，在收藏史上就有这样的记载。

西晋，曾有王恺与石崇斗富，王恺捧着晋武帝赏赐的高二尺的珊瑚树，给石崇看，向其炫耀，石崇将珊瑚树击碎。王恺顿时面色大变，痛斥石崇。石崇却命令家人搬出几株珊瑚树，每株都高达三四尺，并且比王恺的那株更加夺目。

二人还有其他的斗富事例不胜枚举，可见在东晋西晋时代，贵族已经开始收藏一些名贵物品，以彰显自己尊贵的身份。

我国第一部完整的绘画艺术系统著作《历代名画记》的作者张彦远，也痴迷于书画的收藏和研究，其曾祖父张延赏时代就已经开始涉猎于书画收藏，到张彦远一代更是

藏品海量。正是如此，张彦远依靠家族丰富的收藏，在书画收藏鉴赏、书画理论、书画史等方面有了很深的研究，并据此写出了《历代名画记》。

宋代，收藏已经蔚然成风，在汴京的相国寺内形成了专门的书籍古玩字画交易市场，也出现了专业的书画鉴赏专家，著名书画家米芾就是其中之一。

明清时期收藏更为普及，加之历朝历代名家辈出，收藏的藏品数量、质量都较之先前更胜一筹。明代已经有人制作书画收藏和鉴赏家名录，董其昌、文徵明、华夏等人都位列其中。他们本身所创作的作品既为世人所认可，同时也收藏其他名家作品，这种方式推动了书画市场的发展。

现代社会，民众对收藏的认知更加普及，并且收藏的范围也在不断扩大，很多人也将收藏作为投资的手段，希望用较低的投入在未来获得较高的收益，同时也出现了不少以讲述收藏故事或鉴赏藏品、鉴定真伪的电视节目。

无论是艺术价值还是升值空间，收藏品都有着很大的潜力。一方面，藏品蕴含了特定历史时期的文化、经济、历史的信息；另一方面，随着时间的推移，有的藏品散落或者毁损，成为稀世珍品。所以，即便是现代或者当代的书画作品，价格也一直上扬。

国内收藏热度不减，国外收藏如火如荼。各种新型的收藏模式，通过跨界融合的方式，拓宽了渠道，丰富了可选择性，获得的信息更加透明全面，方便了藏品的交易，并开辟了新的文化传播途径。

商业生态圈

商业生态圈是一种平台，指参与商业活动的利益相关者为了获得更大的发展空间和更多的经济利益而共同建立的平台。平台作为一种中介或沟通媒介，最大限度地发挥每个参与者的能力，使得这个平台能够发挥最大作用。每个参与者也能从中获得发展，分享收益。各个参与者之间的协同、联动性更加被强调，以获得持续、长久的发展。但是这个平台并不是单纯的协作关系，竞争同样存在，只不过在这个平台中，竞争在某种情形下被弱化，这个特性与自然界的生态圈是类似的。各个参与者中间的兼并、弱肉强食依然存在，甚至一些不正当的竞争行为也时有发生，这都体现了平台的自由性。生态圈随着经济的变化、参与者的发展，也会随之发生改变或者进化。生态圈赋予企业的是一种宏观角度，从整体上审视所面对的环境和整体的发展，以便在竞争和合作中获得更加宽广的视角，更准确的定位，更良好的发展。

过去，企业之间的竞争主要是依靠企业自身积累的资源。如果将这种竞争比作 1.0 的话，现今的竞争则是 2.0 的竞争。企业不再是过去的单打独斗，而是将经营企业的眼光放在企业之外，与其他企业构建互利共生的价值平台。这个平台就是上文所述的商业生态圈。这个生态圈改变了过去企业之间的关系，形成了企业之间新的协作模式，其发展经历了以下几个阶段：

第一阶段：共生

共生需要成员之间打破过去单纯竞争的模式，组成一个整体，分工协作，各司其职，为平台中的用户创造价值。在这个阶段中，平台是最重要的。各个参与者都可以利用这个平台，发挥平台的系统性和组织性，实现最大价值。互联网＋收藏可以借鉴这种模式，借助网络平台宣传藏品，打破过去所受的地域限制，既减少了成本开支，也降低了收藏门槛，易于公众接受。这种共生的模式，对收藏者而言

是一个开放透明的平台，对企业而言也获得了更多的用户和市场。

第二阶段：互生

建立一个平台后，各个参与者之间还存在互生的关系，即每个参与者之间不是毫无关系，而是互相关联。参与者均在这个平台上实现共享。在这个平台中如果出现互相之间的关系破裂，则整个生态圈也会受到影响，甚至导致生态圈的崩溃。因此，参与者应该从一个整体的角度来审视自身的发展，保持整个生态圈的平衡。

第三阶段：重生

在共生和互生的发展过程中，参与者和平台的发展是共同进行的，因此必然会有新的理念或者行业的萌发。这将改变过去某些固有的东西，出现更加便利、快捷的事物。比如，在互联网＋收藏中，很多博物馆建立了虚拟数字化博物馆，或者建立与收藏相关主题公园，拓宽收藏的盈利渠道。

当收藏成为一个生态圈，那么立足于收藏之上的各种可能性将逐步铺开。对于企业家来说，追逐商业热点是永远的使命，当收藏已经成为时代的亮点之时，企业家坐拥着天时地利人和，必然将在新时期的收藏业里绽放出应有的光芒。

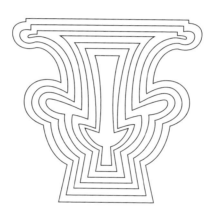